_____ 학교 ____ 학년____반 _____ 의 책이에요.

'체험학습'이란 책에서나 수업 시간에 배운 지식을 실제 현장에서 직접 경험해 보는 공부 방법이에요. 단순히 전시된 물건을 관람하거나 공연을 보는 것이 아니라 학습을 하기 전에 미리 필요한 정보를 조사하는 것까지를 포함한 모든 활동을 의미해요. 어떻게 공부할 것인지를 준비하면 그렇지 않은 경우보다 훨씬 더 많은 것을 보고 느끼게 되겠지요. 이 책은 체험학습을 하려는 어린이들에게 좋은 길잡이 역할을 할 거예요.

❶ 가기 전에 읽어 보세요

이 책은 체험학습 현장을 어린이들이 쉽게 이해할 수 있도록 풀이한 안내서예요. 어린이들이 직접 체험학습 현장을 찾아가는 데 필요한 정보가 들어 있어요. 체험학습 현장을 가기 전에 꼼꼼히 읽어 보세요.

❷ 현장에서 비교해 보세요

서울은 우리나라의 중심지로, 깊은 역사와 다채로운 문화유산을 가진 도시예요. 또한 오늘날 서울은 세계 속의 서울로 당당히 자리매김하며 그 이름을 알리고 있지요. 서울의 곳곳을 둘러보며 살아 있는 역사와 문화의 숨결을 느껴 보아요.

❸ 스스로 활동해 보세요

이 시리즈는 단지 지식을 전달하기 위한 교양서가 아니에요. 어린이 여러분이 교과서로 수업 시간에 배운 내용을 실제 현장에서 직접 체험하며 익힐 수 있도록 다양한 활동 내용을 담았지요. 책 중간이나 뒷부분에 이해를 돕기 위한 활동이 있으니 꼭 스스로 정리해 보세요.

❹ 견학 후 활동이 다양해요

체험학습 후에는 반드시 견학 후 여러 가지 활동을 해 보세요. 보고서 쓰기, 신문 만들기, 그림 그리기 등을 통해 체험학습에서 보고 들은 내용을 다시 한번 정리하면 알찬 체험학습이 될 거예요.

신나는 교과 체험학습 40

세계로 뻗어 가는 대한민국의 수도 서울

초판 1쇄 발행 | 2008. 9. 18.
개정 3판 4쇄 발행 | 2023. 11. 10.

글 김효정 | 그림 김경옥

발행처 김영사 | **발행인** 고세규
등록번호 제 406-2003-036호 | **등록일자** 1979. 5. 17.
주소 경기도 파주시 문발로 197(우10881)
전화 마케팅부 031-955-3100 | 편집부 031-955-3113~20 | 팩스 031-955-3111

값은 표지에 있습니다.
ISBN 978-89-349-9654-5 64000
ISBN 978-89-349-8306-4 (세트)

좋은 독자가 좋은 책을 만듭니다. 김영사는 독자 여러분의 의견에 항상 귀 기울이고 있습니다.
전자우편 book@gimmyoung.com | 홈페이지 www.gimmyoungjr.com

어린이제품 안전특별법에 의한 표시사항

제품명 도서 제조년월일 2023년 11월 10일 제조사명 김영사 주소 10881 경기도 파주시 문발로 197
전화번호 031-955-3100 제조국명 대한민국 ⚠주의 책 모서리에 찍히거나 책장에 베이지 않게 조심하세요.

세계로 뻗어 가는 대한민국의 수도

서울

글 김효정 그림 김경옥

주니어김영사

차례

서울을 둘러보기 전에

미리 준비하세요

준비물 《서울》 책, 수첩과 연필,
     사진기
옷차림 야외에서 활동하기
     간편한 차림을 해요.

미리 알아 두세요

·답사 계획을 꼼꼼하게 세우고 출발해요.

사대문이나 궁궐을 비롯하여 이 책에서 소개하는 서울의 여러
장소를 답사하기 위해서는 꼼꼼하게 계획을 세워야 해요. 미리
위치와 교통편을 정확히 알고 있어야 하지요. 그리고 만약을
대비해 가려고 하는 곳의 전화번호도 미리 알아 두는 것이
좋아요.

·현장에서는 조용히 해야 해요.

장소에 따라 다르긴 하지만, 현장에 도착하면 장난치거나 떠
들면 안 돼요. 침착한 마음으로 집중해서 돌아보며 곳곳에 배
어 있는 서울의 역사와 멋을 느껴 보세요.

 추천 코스

1. 전통문화 체험 코스
   경복궁 → 운현궁 → 종묘 → 창경궁 (경복궁을 돌아본 뒤
   청와대 앞길의 산책로를 걸어 보는 것도 좋아요.)

2. 근대 문화 체험 코스
   덕수궁 → 서울 역사 박물관 → 경희궁

3. 전통과 현대가 어우러진 체험 코스
   흥인지문 → 서울 성곽 → N 서울 타워

4. 청계천 코스
   도심 한복판에 흐르는 맑은 청계천을 따라
   산책하는 건 어떨까요?

서울은요……

아시아 대륙의 동쪽 끝에 있는 대한민국, 그 대한민국의 서쪽 중앙부에 자리 잡은 서울은 크기는 작지만 상상할 수 없을 정도의 힘을 지닌 도시예요.

조선의 도읍지로서 오백 년 동안 나라의 중심지 역할을 한 서울은 오랜 역사의 무게만큼이나 전통과 문화의 깊이가 있어요. 또 일제 강점기라는 역사 단절의 시기와 한국 전쟁의 아픔을 겪고도 정치·경제적으로 빠르게 성장한 저력이 있지요. 그리고 그 든든한 힘을 바탕으로 오늘날 대한민국의 수도로서 정치, 경제, 행정, 문화의 중심지 역할을 해내고 있답니다.

그럼, 이제부터 수도로서의 서울, 국제도시로서의 서울의 모습을 한번 살펴볼까요?

한눈에 보는 서울

서울은 4개의 산으로 둘러싸여 있고, 한가운데에는 한강이 흐르고 있어요. 시가지는 높은 빌딩들이 숲을 이루고, 이리저리 뻗은 도로에는 자동차들이 줄을 잇고 있지요. 또한 서울은 오랜 옛날부터 우리 민족의 삶의 터전으로 풍부한 문화유산을 간직하고 있어요.

이렇게 서울은 산줄기와 물줄기가 절묘하게 어우러지고, 전통과 현대의 멋이 조화를 이룬 아름다운 도시예요.

서울 관광 안내소
서울시는 서울을 찾은 외국 관광객이나 내국인에게 필요한 정보를 알려 주기 위해 서울 관광 안내소를 마련해 놓았어요. 서울 관광 안내소는 동대문, 남대문, 광화문, 이태원 등의 주요 장소에 모두 11곳이 있답니다.

서울특별시 관광 협회
문의 (02) 757-7482
홈페이지 http://www.sta.or.kr

서울은 25개 자치구에 522개 동으로 이루어져 있어.

가장 면적이 넓은 구는 서초구, 가장 면적이 좁은 구는 중구래.

월드컵 공원

망원정지

강서구

양천구

영등포

구로구

금천구

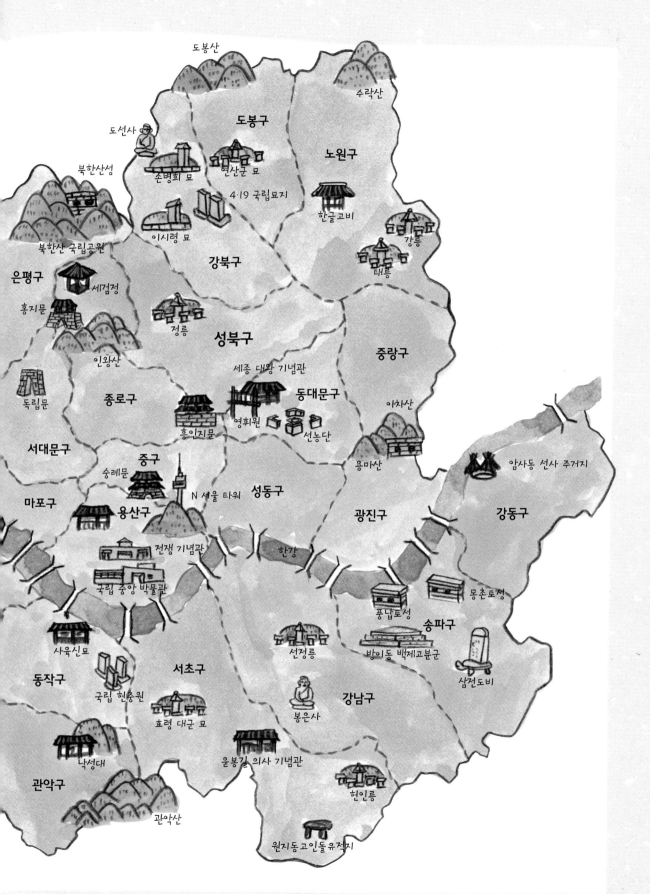

도봉산

수락산

도봉구

노원구

도선사

북한산성

손병희 묘

현산군 묘

4·19 국립묘지

한글고비

이시령 묘

강릉

강북구

태릉

북한산 국립공원

은평구

세검정

홍지문

정릉

성북구

중랑구

인왕산

아차산

독립문

세종 대왕 기념관

종로구

동대문구

흥인지문

영희원

선농단

용마산

서대문구

숭례문

중구

암사동 선사 주거지

마포구

용산구

N 서울 타워

성동구

광진구

강동구

전쟁 기념관

한강

국립 중앙 박물관

풍납토성

몽촌토성

사육신묘

선정릉

방이동 백제고분군

송파구

동작구

국립 현충원

서초구

삼전도비

효령 대군 묘

강남구

낙성대

봉은사

관악구

윤봉길 의사 기념관

헌인릉

관악산

원지동고인돌유적지

우리나라 발전의 중심 도시, 서울

　1987년 6월 10일, 민주 항쟁을 계기로 우리나라는 민주주의를 향해 큰 걸음을 내디뎠어요. 그리고 그 무렵, 국제 사회는 사회주의와 자본주의로 나뉘어 대립하던 냉전 시대가 끝나고, 화해의 시대가 시작되었지요.

　이러한 흐름에 따라 제6공화국의 대통령인 노태우는 공산 국가였던 러시아, 폴란드, 유고슬라비아 등과 정식으로 외교 관계를 맺고 경제 협력을 펼쳐 나갔어요. 1991년 9월에는 남북한이 동시에 국제 연합(UN)*에 가입함으로써 남북 화해의 가능성도 커졌지요.

　또한 1988년에는 아시아에서 두 번째로 서울에서 올림픽을 개최하여 대한민국이 더 이상 전쟁의 아픈 과거를 가진 나라가 아니라 가능성의 나라임을 세계에 알렸어요.

　노태우에 이어 들어선 김영삼의 문민정부는 5·16 군사 정변* 후 정권을 잡았던 군인 출신 대통령들이 물러나고 처음으로 민간 정치인의 정부가 들어섰다는 점에서 큰 의미가 있어요. 김영삼 정부는 국민들의 뜻에 따라 깨끗한 정부와 기업을 만들기 위해 금융 실명제*, 지방 자치* 제도 실시 등 개혁을 펼쳐 나갔어요. 또한 1996년에는 OECD*에 가입, 선진국 대열에 들어섰다는 평가를 받았지요.

　그러나 이때 성수 대교와 삼풍 백화점이 무너지고, 대구 지하철 공사장에서 가스가 폭발하는 등 여러 가지 큰 사고가 나기도 했어요. 제3공화국 때부터 오로지 경제 성장에만 힘을 기울였던 것이 뒤늦게 큰 문제로 드러난 사고들이었어요.

6·10 민주 항쟁　　서울 올림픽 개최　　폴란드, 헝가리와 수교　　소련과 수교　　남북한 국제 연합(UN) 가입　　우리별 1호 발사　　금융 실명제 실시　　성수 대교 붕괴　　지방 자치제 실시, 삼풍 백화점 붕괴　　OECD 가입　　IMF 외환 위기 돌

1987　1988　1989　1990　1991　1992　1993　1994　1995　1996　1997

| 제6공화국(노태우 대통령) | 문민정부(김영삼 대통령) |

게다가 1997년에는 외화의 부족으로 나라 전체가 위기에 처했어요. 정부는 국제 통화 기금(IMF)*으로부터 외화를 지원받아 급한 불을 꺼 나갔지만 경영이 부실했던 수많은 기업이 문을 닫았으며, 수십만 노동자들이 직장을 잃었어요.

1998년에 시작된 김대중의 국민의 정부는 경제 살리기와 함께 남북문제에 가장 큰 관심을 보였어요. 그리고 그 노력의 결실로 2000년 6월 13일에 평양에서 남북 정상 회담이 열렸고요. 또 2002년에는 한·일 월드컵을 개최하여 세계의 주목을 받았어요. 온 국민이 한마음으로 응원을 펼치며 한국인의 힘을 전 세계에 보여 준 것은 쾌거라고 할 수 있지요.

6·10 민주 항쟁 이후 우리나라는 눈부신 경제 성장을 이룩했고, 엄청나게 빠른 속도로 변화했으며 지금도 변화를 거듭하고 있어요. 그리고 그 변화의 중심에는 늘 서울이 있지요. 경제 성장으로 인한 문제점과 환경오염 문제, 평화 통일 등 극복해야 할 과제들이 아직 많이 남아 있지만, 지금까지 그래 온 것처럼 앞으로 힘차게 나아갈 거예요. 서울을 세계 속의 서울로, 대한민국을 세계 속의 대한민국으로 발전시킨 우리 모두의 힘이 아직도 살아 있으니까요.

*국제 연합(UN) : 제2차 세계 대전 후 국제 평화와 안전의 유지, 국제 우호 관계의 촉진, 경제적·사회적·문화적·인도적 문제에 관한 국제 협력을 달성하기 위하여 만든 국제 평화 기구예요.
*5·16 군사 정변 : 1961년 5월 16일, 육군 소장이었던 박정희가 군인들을 이끌어 제2공화국을 폭력적으로 무너뜨리고 정권을 잡은 불법적인 정변을 말해요.
*금융 실명제 : 은행 예금이나 증권 투자 등의 금융 거래를 할 때 실제 이름으로 해야 하는 제도를 말해요.
*지방 자치 : 지방 자치 단체가 그 지방의 행정을 자율적으로 처리하는 제도를 말해요.
*OECD : 경제 성장과 개발도상국 원조, 통상 확대를 주요 목적으로 하는 국제 경제 협력 기구예요.
*국제 통화 기금(IMF) : 세계 무역의 안정된 확대를 통하여 가입한 나라의 고용과 소득을 늘리고, 자원 개발을 돕기 위하여 만든 국제 금융 기구예요.

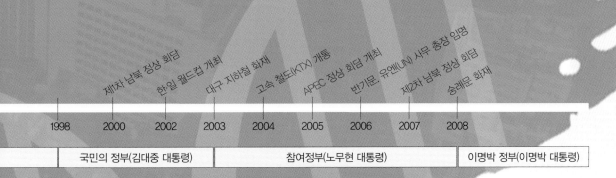

	제1차 남북 정상 회담	한일 월드컵 개최	대구 지하철 화재	고속 철도(KTX) 개통	APEC 정상 회담 개최	반기문, 유엔(UN) 사무 총장 임명	제2차 남북 정상 회담	숭례문 화재
1998	2000	2002	2003	2004	2005	2006	2007	2008

국민의 정부(김대중 대통령)	참여정부(노무현 대통령)	이명박 정부(이명박 대통령)

역사의 중심에 선 서울

서울은 선사 시대 때부터 현대에 이르기까지 우리나라 역사의 중심에 있던 도시예요. 따라서 어느 도시보다 풍부한 역사의 나이테를 가지고 있답니다.

서울은 백제 건국 초기에 최초로 우리 역사에서 수도로 등장하였고, 그때부터 고구려, 백제, 신라 삼국은 서울을 차지하기 위해 치열한 쟁탈전을 벌였어요. 그 뒤 통일 신라와 고려를 거쳐 조선에 이르러서 서울은 다시금 한반도의 수도로 자리 잡으며 역사의 중심에 섰지요.

17세기 후반에 커다란 변화를 경험한 서울은 일제 강점기를 지나 근대화의 모습을 갖추었고, 1948년 대한민국 정부 수립과 함께 우리나라의 정식 수도가 되었어요. 그 뒤 한국 전쟁의 시련을 겪었지만 수많은 노력으로 한강의 기적을 이루었고, 세계적인 행사를 훌륭하게 치르면서 국제도시로 발돋움했지요.

그럼, 선사 시대부터 오늘날에 이르기까지 서울이 밟아 온 역사의 현장 속으로 함께 떠나 볼까요?

선사 시대, 서울 역사가 시작되다

🚌 **돌무지**
고인돌이나 돌널무덤 둘레에 보호물로 쌓아 둔 돌 더미를 말해요.

🚌 **탄화**
열이나 화학적 변화에 의하여 탄소로 변하는 것을 말해요.

서울의 역사가 언제부터 시작되었는지 정확하게 알기는 어려워요. 하지만 기원전 4000년경, 즉 신석기 중기부터 사람이 살기 시작한 흔적이 곳곳에서 발견되고 있어요.

서울시 강동구 암사동에 있는 선사 주거지는 지금까지 우리나라에서 발견된 신석기 시대 최대의 집단 주거지예요. 모두 20여 채의 움집터와 그에 딸린 시설, 돌무지 구조, 그리고 여러 가지 무늬의 토기 등이 발견되었지요. 움집터에서 발견된 탄화된 도토리, 갈돌과 갈판 등을 통해 도토리가 신석기 시대 사람들의 주요한 식량이었음을 알 수 있어요. 또 보습, 돌낫 같은 농기구를 통해 부분적으로 밭농사가 이루어졌음을 짐작할 수도 있지요.

신석기 시대를 지나 청동기와 철기 시대에 이르기까지 사람들은 도구와 무기, 농업 등의 생활환경을 발달시켰어요. 그리고 강 근처로 모여들어 마을을 이루고 나라도 세웠지요. 서울의 역사는 이렇게 수천 년 전에 시작되었답니다.

신석기 사람들의 움집

신석기 시대 사람들의 보금자리였던 움집은 땅을 파고 뼈대를 세운 뒤 나뭇잎이나 짚을 얹은 형태였어요. 바닥은 둥글거나 모서리가 둥근 네모 모양이었지요. 가운데에는 불을 땐 자리가, 햇빛이 잘 들어오는 남쪽에는 입구가 있었어요.

암사동 선사 주거지의 움집

여기서 잠깐!

유물을 써 봐요
서울에서 발견된, 선사 시대의 유물을 다섯 개 이상 써 보세요.

(   ), (   )
(   ), (   )
(   )

🚌 정답은 56쪽에

신석기 시대의 도구들
신석기 시대에는 돌로 도구를 만들어 사냥이나 농업 등 생활의 여러 부분에 이용하였어요.

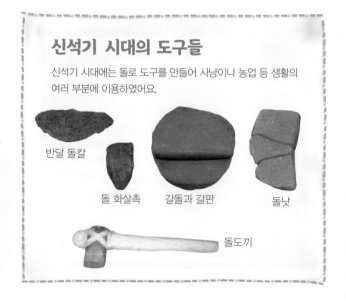

반달 돌칼

돌 화살촉   갈돌과 갈판   돌낫

돌도끼

삼국 시대, 서로 차지하려 하다

지금으로부터 약 2천 년 전, 백제는 서울에 위례성을 쌓고 서울을 첫 수도로 삼았어요. 그 뒤 서울은 수도의 모습을 갖추기 시작했지요. 풍납토성, 몽촌토성, 석촌동 백제 초기 적석총 등을 통해 당시 백제의 문화와 정치, 풍습, 침입에 대비해야 했던 사회적 상황 등을 추측할 수 있어요.

몽촌토성 발굴 전 모습

백제는 한강 하류 지역에 자리를 잡아 농경에 알맞은 자연환경을 갖추고 있었어요. 하지만 세력이 커진 고구려가 남쪽으로 진출하자 백제는 수도를 공주로 옮겼고, 고구려와 신라는 서울을 차지하기 위해 서로 다투었어요. 서울은 바다로 나가는 길목이었으며, 주변으로 넓은 들이 펼쳐져 있는 한강이 흐르고 있었

풍납토성

어요. 그래서 서울을 차지하면 풍족하게 살 수 있고, 뱃길을 쉽게 이용할 수 있어서 무역에도 유리했지요.

결국 고구려의 장수왕이 백제의 개로왕을 무찔러 한강 유역을 차지하면서 그 뒤로 77년간 고구려가 서울을 차지했어요. 그러다가 뒤늦게 고대 국가의 기틀을 완성한 신라가 진흥왕 때 한강 유역으로 진출하여 백제의 성왕과 손을 잡고 고구려를 공격해 서울을 차지했지요. 그 뒤로 서울은 삼국 통일의 중심지 역할을 했어요. 이처럼 삼국 시대의 서울 지역은 참으로 치열한 전쟁터였답니다.

역시 서울을 차지하길 잘한 것 같구나!

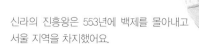

신라의 진흥왕은 553년에 백제를 몰아내고 서울 지역을 차지했어요.

고려 시대, 작은 수도가 되다

고려의 수도는 서울이 아닌 중경(지금의 개성)이었어요. 고려는 중경 이외에도 서경(지금의 평양), 동경(지금의 경주)에 이어 남경(지금의 서울)까지 세 개의 **경도**를 더 설치했지요. 이렇게 지방에 작은 수도를 여러 개 둔 것은 고려가 삼국의 전통을 계승하고 있음을 알리고, 민심과 국력을 한데 모으기 위해서였어요.

고려 시대 초기에는 서울을 '양주'라고 불렀어요. 그러다가 문종 21년(1067)부터는 '남경'이라고 불렀고, 고려 말 충선왕 때는 중앙과 지방의 행정 제도를 다시 고치면서 서울을 '한양'이라고 불렀어요. 그리고 이때부터 100년 가까이 계속된 원나라의 간섭에서 벗어나기 위해 수도를 중경에서 한양으로 옮기려고 계획했어요. 그리하여 공민왕 때는 한양에 왕궁까지 지었으나 수도를 옮기지는 못했고, 마침내 우왕 8년(1382)에 한양으로 수도를 옮겼지만 얼마 지나지 않아 중경으로 다시 돌아갔답니다.

🚌 경도
서울, 수도 등과 같은 말이에요.

이름 앞에 왜 '충' 자를 달았을까?
고려 충렬왕에서 충정왕까지의 기간은 원나라의 간섭을 받던 때예요. 그래서 안타깝게도 이 시대의 고려의 왕들은 원나라에 충성한다는 뜻으로 이름 앞에 '충' 자를 달게 되었답니다.

여기서 잠깐!

위치를 써 봐요
고려 시대에는 중경 말고도 지방에 작은 수도가 세 개 더 있었어요. 각각 지금의 어디인지 그 위치를 써 보세요.

서경 (   )

동경 (   )

남경 (   )

☞정답은 56쪽에

조선 시대, 새로운 도약을 하다

조선을 세운 태조 이성계는 왕위에 오른 지 2년 뒤인 1394년에 한양(지금의 서울)을 조선의 새로운 도읍지로 정했어요. 서울은 지리적으로 한반도의 중심에 위치하고, 육지 교통뿐만 아니라 한강을 이용한 수로 교통이 편리하여 새로운 왕조의 도읍지가 되기에 알맞은 곳이었지요. 경복궁과 종묘를 완성하고 행정 구역을 정비해 수도의 면모를 갖춘 서울은 1395년부터 1910년까지 '한성'이라는 이름으로 515년 동안 정치, 경제, 사회, 문화의 중심지가 되었어요.

조선 시대의 서울은 대개 성안을 말해요. 지금의 서울로 보면 종로구와 중구가 도성에 포함되었을 거예요. 조선 초기에는 서울의 인구가 10만 명 정도였는데, 조선 후기에는 많이 늘어나 20만 명 정도가 되었어요.

또 서울의 성안은 사람이 들어가고 나가는 시간이 정해져 있었는데, 종루(현재의 보신각)에서 새벽 4시경에 종을 33번 쳐서 하루가 시작됨을 알린 뒤 성 문을 열었고, 오후 7시에 종을 28번 쳐서 하루의 끝을 알린 뒤 성 문을 닫았어요.

임진왜란과 병자호란 등 다른 나라의 침략을 받아 정치가 혼란스러워지고 서울의 문화재를 잃기도 했지만, 17세기 후반에 이르러 인구가 몰려들고 상업이 발달하면서 서울은 크게 발전했어요.

🚌도성
임금이나 황제가 있던 도읍지가 성으로 이루어진 데서 비롯한 말로, 서울을 뜻해요.

5부, 52방
지금은 서울특별시 안에 25개 구가 있고 각 구마다 동이 있지요? 이처럼 조선 시대에도 성안과 성 밖의 십 리까지를 포함한 지역에 5부 52방이 있었어요. 동부, 서부, 남부, 북부, 중부의 5개 부와 그 안에 각각 안국방, 아현방 등의 방을 두었지요. 방은 성안에 46방, 성 밖에 6방이 있었어요. 대부분의 방이 성안에 있었던 것을 보면, 성 밖에는 사람이 별로 살지 않았다는 것을 알 수 있어요.

18세기 중반, 가로, 213센티미터, 세로 188센티미터, 서울 역사 박물관 소장

도성대지도
18세기 서울의 자연환경과 북, 남촌의 도심부. 동서 변두리의 마을과 지역 이름이 담겨 있어요. 조선 시대 서울의 모습을 담은 고지도 가운데 크기가 가장 크고 내용이 올바른 것이에요.

조선의 수도가 되기는 정말 어려워!

조선을 세운 태조 이성계는 도읍지를 한양(지금의 서울)으로 옮기려고 했어요. 그러나 조선의 중신*들이 이것을 반대했어요. 새 궁궐이 준비되어 있지 않은 채 도읍을 옮기면 날이 춥기 때문에 관원*들이 강제로 민가*를 빼앗아 들어갈 수밖에 없고, 그렇게 되면 백성들에게 큰 불편을 준다는 이유였지요. 그러나 정작 중신들이 반대하는 이유는 따로 있었어요. 그동안 자신들이 개경(지금의 개성)에 잡아 놓은 터전을 잃기 싫었던 것이지요. 태조 이성계는 중신들의 강한 반대로 도읍을 한양으로 옮기는 것을 포기해야 했어요.

한양으로 도읍지를 옮기려 한 태조 이성계가
중신들의 강한 반대에 부딪혀 고민하고 있어요.

다시 도읍을 옮기기로 결정한 곳은 계룡산이었어요. 이성계는 무학 대사와 함께 계룡산으로 가서 공사를 시작했어요. 그런데 공사가 한창 진행 중일 때 이번에는 경기도 관찰사 하륜이 반대하고 나섰어요.

"무릇 도읍이란 나라의 가운데에 있어야 하는데, 계룡산은 너무 남쪽에 치우쳐 있습니다. 또한 이곳은 풍수지리상 나라의 힘을 약하게 해서 망하게 하는 자리입니다."

이성계는 고민 끝에 무학 대사에게 수도를 옮길 만한 좋은 자리를 다시 찾아보게 했어요. 임금의 명령을 받은 무학 대사는 전국을 헤매다가 한양 근처까지 오게 되었어요. 삼각산(청와대 뒤 지금의 북악산)에서 산맥을 타고 목멱산(지금의 남산) 끝까지 와 보니 넓은 들이 펼쳐져 있었어요. 무학 대사는 그곳을 둘러보고 "이제야 찾았도다." 하면서 땀을 닦으며 쉬고 있었지요. 바로 그때, 백발 노인이 소를 타고 지나가며 중얼거리는 것이 아니겠어요?

"이놈의 소가 자꾸 가라는 데로 안 가고 엉뚱한 데로 가는 것을 보니 미련하기가 꼭 무학 같구나."

무학 대사가 깜짝 놀라 그 노인을 보니 보통 노인 같지가 않았어요. 그래서 재빨

덕수궁 전경
고층 건물이 없어 궁전의 위엄이 한껏 돋보여요. 궁 뒤로는 멀리 인왕산이 보이고, 그 바로 밑에 고종이 1년간 머물렀던 러시아 공사관 건물이 보여요. 사진의 왼쪽은 당시 해외의 관리들이 모여서 살던 지역이에요.

리 노인 앞에 엎드려 말했지요.

"이놈이 미련한 무학이옵니다. 부디 가르침을 주십시오."

그러자 노인은 손가락으로 가리키며, "여기서 십 리만 더 가 보아라." 하고는 흔적도 없이 사라져 버렸어요. 무학 대사는 어리둥절했지만 노인이 말한 곳으로 가 보았어요. 도착한 곳은 삼각산 아래였는데, 넓은 들이 산으로 둘러싸여 있고, 앞에는 한강이 유유히 흐르고 있어 자연적인 요새*일 뿐만 아니라 새 궁궐을 짓기에 딱 맞는 곳이었어요. 그곳이 바로 지금의 경복궁 자리랍니다.

드디어 조선은 그곳을 새로운 도읍지로 정하고, 1394년 10월 28일(양력 1394년 11월 29)일에 한양으로 도읍을 옮겼어요. 그리고 노인이 무학 대사에게 "십 리만 더 가 보아라."라고 말했던 곳은 지금의 '왕십리'가 되었답니다.

*중신 : 중요한 자리에 있는 신하를 말해요.
*관원 : 관청에 나가서 나랏일을 맡아보는 사람으로, 벼슬아치라고도 해요.
*민가 : 일반 백성들이 사는 집을 말해요.
*요새 : 군사적으로 중요한 곳에 튼튼하게 만들어 놓은 방어 시설을 말해요.

근대, 아픔과 혼란을 겪다

🚌 **개항**
외국과 서로 물품을 사고팔 수 있도록 항구를 개방하여 외국 배의 출입을 허가하는 것을 말해요.

조선 총독부 건물의 역사

조선 총독부 건물은 광복 후에는 중앙청으로, 1986년부터는 국립중앙박물관으로 사용하다가 1995년 광복 50주년을 맞아 철거했어요.
총독 관사는 1945년 광복 후 미 군정 사령부 장군이 머무는 곳으로 사용하였어요. 대한민국 정부 수립 이후에는 역대 대통령이 일하고 머무는 곳으로 사용하다가 1993년 11월에 철거했어요.

우리나라는 19세기 말 개항한 이래로 서양의 문물을 본격적으로 받아들이면서 근대화를 향해 걸음을 내디뎠어요. 서울에는 우리나라에서 가장 먼저 철도와 전차가 다니기 시작했고, 서양식 학교, 상수도 등 근대적 시설도 들어섰지요.

하지만 호시탐탐 기회를 노리던 일본이 1910년 우리나라의 주권을 강제로 빼앗고, 갖은 방법으로 서울의 자존심을 짓밟았어요.

먼저 조선 시대의 수도였던 한성부를 경기도 소속의 작은 군으로 낮추고, 명칭도 '경성부'라고 바꾸었어요. 그뿐만 아니라 경복궁 앞에는 조선 총독부를, 그 뒤편에는 총독 관사를 지어 왕권의 상징인 경복궁을 가로막았지요.

게다가 일본은 창경궁을 동물원으로 꾸미고 벚나무를 잔뜩 옮겨 심은 뒤 '창경원'으로 낮춰 불렀어요. 또한 서대문과 주변 성곽을 마구 헐어 낸 뒤, 그 자리에 서대문 형무소를 지어 우리 독립투사들을 잡아 가두었지요.

그러나 우리 민족은 이 같은 상황을 바라보고 있지만은 않았어요. 1919년 3월 1일, 탑골 공원에서 대한 독립을 외치며 만세 운동을 하는 등 끊임없이 일본의 괴롭힘에 맞서 대항했답니다.

서대문 형무소의 담장과 망루

담장 좀 봐! 높이가 무려 4.5미터나 된대.

감시를 위해 망루에는 유리창을 8개나 달아 놓았어.

'서울'이라는 이름은 어떻게 변했을까?

　'서울'은 수도를 뜻하는 순 우리말로, '새 벌', '새 땅'이라는 뜻을 가지고 있어요. '서울'이라는 이름의 뿌리는 '셔블'이지요. 그런데 이 '셔블'이라는 말은 '서라벌' 또는 '서벌', '소부리', '송악', '철원'이라는 말에 그 뿌리를 두고 있어요.

　'서라벌' 또는 '서벌'은 박혁거세가 신라를 세우면서 붙인 이름이에요. 그런데 당시의 신라는 나라 이름과 수도 이름을 같은 말로 부르기도 했기 때문에 '서라벌' 또는 '서벌'은 신라의 수도를 뜻하기도 해요. '소부리'는 신라가 백제를 침략한 뒤 수도였던 사비성의 이름을 바꾼 것이에요. 또 '송악'은 고려의 수도였던 개경의 옛 이름이고, '철원'은 후고구려의 수도를 부르는 말이었어요.

　이처럼 우리나라의 도읍지는 왕조가 바뀌고 시대가 바뀌어도 부르는 이름은 '셔블', 곧 '서울'이었답니다.

시대에 따라 변한 서울의 이름

삼국 시대						통일 신라 시대	
백제 온조왕	백제 근초고왕	고구려 장수왕	신라 진흥왕			신문왕	경덕왕
기원전 18년~	371년~	475년~	553년~	557년~	568년~	687년~	757년~
위례성	한산	남평양	신주	북한산주	남천주	한산주	한양군

고려 시대			조선 시대		일제 강점기	광복 이후	
태조 왕건	문종	충선왕	태조 이성계				
918년~	1067년~	1308년~	1394년	1395년~	1910년~	1946년~	1949년~
양주	남경	한양	한양	한성	경성부	서울특별자유시	서울특별시

현재의 서울, 미래의 서울

　1945년 8월 15일, 우리나라는 드디어 광복을 맞이했어요. 그리고 1946년에는 '서울특별자유시'라는 이름으로 도와 같은 수준의 지방 자치 단체로 격을 높였고, 1948년 대한민국 정부가 들어서면서 수도가 되었어요. 그다음 해부터는 지금의 '서울특별시'라는 이름으로 불렸답니다. 이때 서울에는 9개의 구가 있었고, 인구는 144만 6천여 명에 이르렀어요.

　1950년 한국 전쟁이 일어나자, 정부는 수도를 잠시 부산으로 옮겼어요. 그러다가 1953년 휴전을 하면서 서울로 환도했고, 피란 갔던 시민도 돌아왔지요. 서울의 정치가 다시 시작되었고, 전쟁 후 복구 사업을 활발하게 진행하면서 서울은 수도로서의 기능을 되찾았어요.

　서울시는 1962년 〈서울특별시 행정에 관한 특별 조치법〉에 따라 내무부 장관 소속에서 국무총리 소속이 되었어요. 이어 한강 남쪽의 경기도 일대까지 서울의 행정 구역을 넓혔지요. 1973년 11개 구였던 서울은 1988년 22개 구가 되었고, 오늘날은 25개 자치구에 522개 동을 갖춘 거대 도시가 되었답니다.

🚌 환도

전쟁 등의 어려움으로 인해 정부가 수도를 다른 곳으로 옮겼다가 다시 옛 수도로 돌아오는 것을 말해요.

우뚝 솟은 N 서울 타워 아래로 버스와 자동차들이 높은 빌딩이 늘어선 도로 위를 달리고 있어요.

서울의 이름을 세계에 알린 것은 1986년 서울 아시안 게임과 1988년 서울 올림픽, 그리고 2002년 한·일 월드컵을 통해서예요. 특히 한·일 월드컵 기간 동안에는 경기가 열리는 날이면 붉은 옷을 입은 수십만 명의 시민들이 시청 앞, 광화문, 대학로 등에 모여 '대한민국'을 외치며 열광적으로 거리 응원을 펼쳤어요. 이를 통해 세계인들에게 서울이 역동적인 힘을 가진 도시라는 깊은 인상을 심어 주었어요.

서울은 세계적인 국제도시로서 더욱 세계로 뻗어 나갈 것이랍니다.

대~한민국!
짝짝짝 짝짝

2002년 월드컵 당시 시민들이 시청 앞을 가득 메우고 열광적으로 응원하고 있어요.

서울 연표

- 1946년_ 서울특별자유시가 됨.
- 1949년_ 서울특별시가 됨.
- 1950년_ 한국 전쟁으로 서울이 황폐화됨. 수도를 부산으로 옮김.
- 1953년_ 휴전 후 수도를 다시 서울로 옮김.
- 1961년_ 청계천 복개 공사 완공.
- 1963년_ 행정 구역을 넓힘.
- 1970년_ 한강 이남의 강남 지역을 개발하기 시작.
- 1974년_ 수도권 전철 개통.
- 1986년_ 제10회 서울 아시안 게임 개최.
- 1988년_ 제24회 서울 올림픽 개최.
- 1994년_ 서울 정도 600년 기념 행사 개최.
- 1995년_ 지하철 5호선 개통.
- 2000년_ 아시아·유럽 정상 회담 개최.
- 2002년_ 한·일 월드컵 대회 개최.

최첨단 건물과 공중에 떠 있는 도로가 시내에 들어서고, 자동차가 날아다니는 미래의 서울을 상상한 모습이에요.

서울의 이모저모

여러분은 우리나라의 수도인 서울에 대해서 얼마나 알고 있나요? 사람들은 몇 명이나 살고 있는지, 또 지구의 어디쯤 자리 잡고 있으며, 자연환경과 기후는 어떤지 궁금하지요? 그럼, 서울의 이모저모를 살펴보며 궁금증을 해결해 보아요.

우리나라의 서쪽 중앙부

우리나라의 서쪽 중앙부에 위치해 있는 서울은 동경 126도 59분, 북위 37도 34분에 자리잡고 있어요. 서울과 같은 위도상에 있는 외국의 도시로는 포르투갈의 리스본, 그리스의 아테네, 미국의 샌프란시스코와 워싱턴 등이 있지요.

약 1천만 명의 사람들이 사는 서울

서울의 면적은 약 605제곱킬로미터, 인구는 975만 7천여 명(2019년 6월 기준)이에요. 서울에서는 하루 동안 170여 명의 아기가 태어나고, 90대가 넘는 차량이 늘어나는 등 시시각각 다양한 일들이 벌어지고 있어요.

> 우아! 서울에서는 하루에도 참 많은 일이 일어나고 있구나.

통계로 보는 서울

▣ 출생	▣ 사망	▣ 혼인	▣ 이혼	▣ 119 구급 활동
179명	118명	147쌍	43쌍	1494건

▣ 화재 발생	▣ 차량 증가	▣ 교통 인구	▣ 교통사고 사망	▣ 전력 사용량	▣ 범죄 발생
16.4건	91대	1천197만 1천 명	0.94명	12만 6천844메가와트	877건

아름다운 자연환경

서울은 크게 네 개의 내산과 네 개의 외산으로 둘러싸여 있어요. 내산은 서울의 안쪽에 있는 산으로, 북쪽의 북악산, 동쪽의 낙산, 서쪽의 인왕산, 남쪽의 남산을 말해요. 또 외산이란 현재 서울의 바깥쪽으로 경계선을 이루는 산들로, 북쪽의 북한산, 동쪽의 용마산, 서쪽의 덕양산, 남쪽의 관악산을 가리키지요. 이렇듯 서울은 한강이 가로지르고 사방이 산으로 둘러싸인 아름다운 도시예요.

관악산

사계절이 뚜렷한 기후

서울은 온대 기후에 속하며 사계절의 변화가 뚜렷해요. 봄에는 보통 날씨가 맑지만 황사 현상이 나타나기도 해요. 여름에는 덥고 습하며 장마가 지고, 늦여름에서 초가을 사이에는 태풍이 발생하지요. 또 가을은 하늘이 맑고 푸르며, 겨울에는 날씨가 몹시 춥고 건조해요.

서울은 연평균 기온이 영상 12.2도이며, 1~8월까지의 서울 기온은 전국 평균 기온보다 높고, 9~12월까지의 서울 기온은 전국 평균 기온보다 낮아요.

또 서울의 연평균 강수량은 1천3백여 밀리미터로, 7~8월에는 서울의 평균 강수량이 전국 평균 강수량보다 훨씬 많답니다.

문화 향기 가득한 서울

　500년간 조선의 도읍지였던 서울에는 소중한 문화유산이 풍부해요. 우선 조선 역사의 주요 무대였던 경복궁, 덕수궁, 창덕궁, 창경궁, 경희궁의 5대 궁궐은 뛰어난 건축미를 자랑해요. 또한 왕실의 조상을 모시는 종묘, 서울 도심을 둘러싸고 있는 서울 성곽, 그리고 성곽을 드나들었던 사대문은 저마다 역사적인 가치와 무게를 지니고 있지요.

　서울은 국제도시답게 다양한 모습의 문화 공간도 가득해요. 오랜 역사의 남대문 시장과 동대문 시장, 전통문화의 거리인 인사동, 유행의 거리 명동은 서로 다른 색깔과 매력을 지니고 있어요. 또한 N 서울 타워와 월드컵 경기장, 한국 종합 무역 센터, 63빌딩은 서울을 대표하는 현대적인 건축물이지요.

　한편 자연이 살아 있는 청계천, 서울숲, 한강 시민 공원, 월드컵 공원 등은 서울 시민에게 편안한 휴식처가 되고 있어요.

　자, 그럼 지금부터 전통과 현대가 어우러진 서울의 문화 향기를 맡으러 떠나 볼까요?

N 서울 타워

월드컵 경기장

숭례문

한국 종합 무역 센터

동대문 시장

한강

63 빌딩

인사동

왕이 살던 곳, 궁궐

조선 시대의 왕은 궁궐에서 살면서 나랏일을 돌보았어요. 그래서 궁궐은 왕의 위엄과 품격, 아름다움을 두루 갖춘 최고의 건축물로 손꼽힌답니다.

그럼, 조선 시대의 궁궐들을 둘러볼까요?

조선의 으뜸 궁궐, 경복궁

경복궁의 정전, 근정전

1394년 한양으로 도읍을 옮긴 태조는 1395년 9월에 궁궐을 지었어요. 이 궁궐이 바로 '왕과 그 자손이 영원토록 복을 누린다.'는 뜻을 가진 경복궁이에요.

경복궁의 정문은 광화문이에요. 경복궁에는 큰 행사가 있을 때 왕과 신하들이 모여 행사를 했던 근정전, 왕이 신하들을 불러 나랏일을 의논하고 업무를 보던 사정전, 왕의 침실인 강녕전과 왕비의 침실인 교태전 등이 있어요.

임진왜란 때 불에 타 다시 지은 경복궁은 일제 강점기에 대부분 철거되는 등의 시련을 겪었지만 복원 사업을 통해 조선 으뜸 궁궐의 모습을 되찾고 있답니다.

왕의 기운이 서린 경희궁

경희궁의 정전, 숭정전

경희궁은 원래 인조의 아버지인 정원군의 집이었어요. 그런데 그곳에 왕의 기운이 서려 있다는 이야기를 듣고 그 터 위에 궁궐을 지었지요.

경희궁에는 100여 개의 크고 작은 건물이 있었지만 흥선 대원군이 경복궁을 다시 지으면서 경희궁에 있던 상당수의 건물을 옮겼어요.

또한 일제 강점기에 일본이 대부분의 궁궐 건물을 헐고 면적도 절반 정도로 줄여 경희궁은 궁궐의 모습을 잃었지요. 하지만 계속된 발굴과 복원 작업 끝에 2002년부터 시민들에게 그 모습이 공개되었어요.

경희궁은 5개의 궁궐 중에서 서쪽에 자리 잡아 '서궐'이라고도 불렀어.

가장 오랜 기간 정치를 펼친 창덕궁

처음에는 경복궁에 딸린 작은 궁이었어요. 경복궁의 화재를 대비해 만들었지요. 임진왜란 때 경복궁과 함께 불에 타 버렸지만 경복궁보다 먼저 복구가 되어 한동안 중심 궁궐로 사용되었어요. 또 조선의 궁궐 중 가장 오랜 기간인 258년 동안 왕이 살면서 정사를 펼친 곳이지요.

창덕궁은 아기자기한 맛과 멋이 있는 궁궐이에요. 창덕궁의 건물들은 자연과 잘 어우러져 있으며, 특히 후원은 한국적이고 자연적인 모습을 잘 살렸어요. 1997년에는 그 가치를 인정받아 유네스코 세계 문화 유산으로 등재되었어요.

창덕궁의 정전, 인정전

슬픈 사연을 간직한 창경궁

창덕궁 옆에 붙어 있는 창경궁은 왕실의 어른들을 모시기 위해 지은 궁궐이에요.

그러나 일제 강점기에 일본이 권위 있는 궁궐에 동물원과 식물원, 박물관을 만들면서 많은 건물들을 헐어 버렸어요. 궁의 이름도 '창경원'

창경궁의 정전, 명정전

이라고 바꾸어 격을 떨어뜨렸지요. 하지만 정부의 많은 노력 덕분에 1986년 이름을 다시 창경궁으로 바꾸고 궁궐의 위엄을 되찾았어요.

전통과 현대가 어우러진 덕수궁

임진왜란 때 피란을 갔던 선조가 서울로 다시 돌아왔을 때 왕궁이 모두 불에 타 머물 곳이 없었어요. 그래서 성종의 형인 월산대군의 집이었던 이곳을 임시 궁궐로 사용했지요.

고종은 이곳에서 여생을 보냈는데, 그때부터 고종의 장수를 비는 뜻을 담아 지금의 이름인 덕수궁으로 불렀어요.

1909년에는 최초로 서양식 건물인 석조전을 지어 덕수궁은 전통과 현대의 멋을 담은 궁궐이 되었어요.

덕수궁의 정전, 중화전

덕수궁은 주말이면 많은 사람들이 찾는 휴식 공간이래.

25

조상을 모시는 곳, 종묘

태조 이성계는 수도를 한양으로 옮긴 뒤 경복궁과 함께 종묘를 세웠어요. '종묘사직'이라는 말을 들어 본 적 있나요? '종묘'는 조선 시대 왕들의 **신주**를 모시고 나라의 번영을 비는 사당으로, 왕실의 권위와 정당성을 부여해 주는 상징적인 곳이에요. 그리고 '사직'은 땅의 신인 사(社)와 곡식의 신인 직(稷)에게 풍년과 나라의 안녕을 비는 제단이지요. 옛사람들은 종묘의 조상신과 사직의 사직지신이 보살펴 주어야 나라가 번성하고 백성들이 편히 살 수 있다고 믿었어요.

종묘에서는 봄, 여름, 가을, 겨울과 12월에 한 번, 일 년에 다섯 번 왕이 직접 제사를 지냈어요. 이렇게 왕조의 조상에게 제사 지내는 것을 '종묘 제례'라고 하는데, 규모가 크고 중요한 제사라 '종묘 대제'라고도 해요.

이런 제사들은 규모도 컸지만 형식이나 절차 역시 엄격했어요. 제사를 지내는 동안 궁중 악사들이 '종묘 제례악'을 연주했는데, 여기에는 노래와 무용도 곁들였어요. 지금은 매년 5월 첫째 주 일요일에 실시하지요. 종묘 제례와 종묘 제례악은 그 정신·문화적 가치와 품격을 높이 인정받아 2001년 5월 유네스코 세계 무형 유산으로 등재되었어요.

신주
죽은 사람의 이름을 적어 놓은 작은 나무패를 말해요. 옛날에는 신주에 죽은 사람의 혼이 깃들어 있다고 생각했어요. 신주의 옆면과 뒷면을 보면 구멍이 뚫려 있는데, 이 구멍을 통해 혼이 드나든다고 믿었지요.

종묘 제례

종묘 제례악

종묘의 정전

서울을 지키기 위한 성곽

우리는 도둑이나 외부의 위험으로부터 집을 안전하게 지키기 위해 집 둘레에 담장을 쌓고 대문을 달아요. 이처럼 조선 시대에도 북악산, 낙산, 남산, 인왕산의 산등성이를 따라서 성곽을 쌓았어요. 이는 전쟁에 대비하고 평상시에는 사람들의 출입을 통제하거나 도둑을 막기 위함이었지요. 또한 당시에는 땔감으로 나무를 썼기 때문에 성곽으로 찬 바람을 막아 나무의 소비를 줄이려고 노력했어요.

도로 공사는 전체 성곽을 180미터씩 97개 구역으로 나누어 진행했어요. 또 구역마다 책임자를 두어 자신이 맡은 부분에 해당하는 성벽에 관직과 성을 쌓은 고을의 이름을 새겨 넣도록 했지요. 그리하여 1396년에 총길이 약 18.2킬로미터의 성곽이 완성되었어요.

서울 성곽

그 뒤로 오랫동안 보수를 거듭하면서 모습을 지켜 온 성곽은 근대로 들어오면서 모습이 바뀌기 시작했어요. 전차 부설, 도시 계획 등의 이유로 성곽을 여기저기 강제로 헐어 평지의 성곽은 일부 구간에 흔적만 남기고 모두 철거했지요. 하지만 1963년에 인왕산 방면과 북악산의 돌로 된 성벽을 보수하였고, 그 이후에도 계속 복원 공사를 진행하여 지금은 10.5킬로미터 정도가 제 모습을 찾았답니다.

삼청동과 성북동, 장충동, 인왕산에 가면 성벽의 일부를 볼 수 있어.

서울의 문, 사대문

태조 이성계는 수도인 한양에 성곽을 쌓고, 성안을 드나들 수 있도록 동서남북에 커다란 문을 만들었어요. 바로 흥인지문, 돈의문, 숭례문, 숙정문이에요. 그런데 이렇게 넓은 성곽에 문이 네 개만 있으면 사람들이 불편할 거예요. 그래서 사대문 사이에 동북쪽에는 혜화문, 동남쪽에는 광희문, 서북쪽에는 창의문, 서남쪽에는 소덕문을 하나씩 더 만들었지요.

그럼, 이런 서울의 문들을 좀 더 살펴볼까요?

창의문

돈의문

소덕문

돈의문(서대문)

돈의문 픗돌

돈의문은 서쪽의 큰 문으로 서대문, 새문, 신문이라고도 했어요. 그런데 일제 강점기에 일본이 도시 계획을 위해 도로를 넓힌다며 이 문을 헐어 버렸지요. 그렇게 돈의문은 사라져 버리고, 지금 그 자리에는 돈의문이 있었다는 픗돌*만 남아 있어요.

*픗돌 : 어떤 것을 다른 것과 구별하기 위해 세우는 돌을 말해요.

숭례문(남대문)

불타기 전의 숭례문

국보 제1호인 숭례문은 조선 시대 도성의 정문으로, 남쪽에 있어서 남대문이라고도 해요. 숭례문은 태조 7년(1398)에 세워진 뒤, 세종 29년(1447)에 다시 고쳐 지었어요. '숭례문'이라는 현판*은 관악산의 불의 기운을 누르기 위해 세로로 썼는데, 현판의 글씨를 양녕 대군이 썼다고 해요.

숭례문은 지금까지 전해 오는 서울의 목조 건물 가운데 가장 오래된 것으로, 겉모습이 장엄하고 내부 구조가 튼튼했어요. 그러나 안타깝게도 2008년 2월 10일에 화재로 인해 한 줌 재로 변해 버리고, 현재는 재건되었답니다.

*현판 : 글자나 그림을 새겨 문 위나 벽에 다는 널빤지의 조각을 말해요.

불탄 뒤의 숭례문

숙정문(북대문)

숙정문은 서울의 북쪽에 위치해 있어요. 그래서 북대문, 북문이라고도 불러요. 다른 문과는 달리 험준한 산악 지역에 자리 잡고 있어서 사람이 거의 드나들지 않아 실질적인 성문의 기능은 하지 않았어요.

음양설에 따르면 북쪽은 물을 뜻하기 때문에 가뭄이 심하면 비를 내려 달라는 뜻에서 숙정문을 열고, 비가 많이 오면 문을 닫았다고 해요.

숙정문

흥인지문(동대문)

보물 제1호인 흥인지문은 서울의 동쪽에 있는 문이에요. 문밖에는 항아리 모양으로 작은 성을 쌓아 둘렀는데, 이것을 '옹성'이라고 하지요.

흥인지문 부근은 지형이 낮고 평탄해 전쟁이 났을 때 적을 막기가 쉽지 않았어요. 그래서 서울을 보호하고 도성을 효과적으로 지키기 위해 옹성을 쌓은 것이지요. 이것이 흥인지문의 특징이랍니다.

흥인지문

숙정문

혜화문

흥인지문

광희문

숭례문

아, 사대문
사이사이에
작은 문을
세웠구나.

현대적인 건축물들

지금까지 조선 시대의 문화유산을 살펴보았어요. 이제는 오늘날 서울의 모습을 담고 있는 공간들로 가 보아요.

먼저, 서울을 대표하는 현대적인 건축물들을 살펴볼까요?

🚌 송출

전기나 정보 등을 기계적으로 전달하는 것을 말해요.

N 서울 타워

서울의 중심, N 서울 타워

1969년, 수도권에 텔레비전과 라디오 방송을 송출하기 위해 우리나라 최초의 종합 전파탑으로 세워진 N 서울 타워는 1980년 사람들의 출입이 자유로워진 뒤로 서울 시민의 휴식 공간이자 관광 명소로 자리 잡았어요. 최근에는 시시각각 변하는 조명으로 더욱 아름답지요. N 서울 타워의 전망대에 올라 서울의 아름다운 모습을 한눈에 내려다보는 것도 좋을 거예요.

월드컵의 환호가 있는 곳, 월드컵 경기장

서울시 마포구 성산동에 있는 월드컵 경기장은 2002년 한·일 월드컵 대회가 열린 축구 전용 경기장이에요. 이곳에서 2002년 한·일 월드컵의 개막식이 열렸답니다. 방패연 모양을 본떠 만든 경기장의 모습은 우리나라의 문화, 통일과 평화에 대한 염원, 승리를 향한 희망을 담고 있어요.

월드컵 경기장

경기장 옆에는 여의도공원 크기의 15배나 되는 월드컵 공원이 있대.

무역의 중심지, 한국 종합 무역 센터

종합 전시장

1988년 강남구 삼성동에 세워진 한국 종합 무역 센터는 무역 회관과 종합 전시장, 호텔, 도심 공항 터미널, 아셈 타워 등의 건물로 이루어져 있어요.

무역 회관에는 무역 관련 기관과 은행 등이 있으며, 한국 종합 전시장에서는 2000년 제3차 아시아 유럽 정상 회의(ASEM)를 비롯해 '노벨 평화상 100년전', '경제 협력 개발 기구(OECD) 국제 워크숍' 등의 국제적인 행사가 성공적으로 개최되었어요. 이처럼 무역 센터는 우리나라 무역 발전에 큰 도움을 주고, 전시회 등을 많이 열어 좋은 학습의 장이 되고 있어요.

여의도 63빌딩

63빌딩

1985년에 완공된 63빌딩은 해발 256미터인 남산보다 1미터 낮은 초고층 건물이에요. 지하 3층, 지상 60층으로 이루어져 있고, 일반 사무실과 부대 시설을 비롯해 전망대, 수족관, 영화관 등의 위락 시설이 들어서 있지요. 63빌딩은 오랫동안 우리나라에서 가장 높은 건물이었으나 현재는 훨씬 더 높은 초고층 빌딩이 많이 생겨서 서울의 랜드마크 중 하나로 남았어요.

여기서
잠깐!

틀린 설명 고르기
다음 중 우리나라의 대표적인 현대 건축물에 대해 잘못 이야기한 친구는 누구일까요? (   )

동휘
서울 월드컵경기장에서 2002 한·일 월드컵의 개막식을 치렀어.

주희
63빌딩은 예전에 우리나라에서 제일 높았는데 지금은 더 높은 빌딩들이 많아.

준우
N 서울 타워는 처음 세울 때부터 일반인들이 들어갈 수 있었어.

정답은 56쪽에

서울의 이곳저곳

서울은 다양하고 풍성한 매력이 가득한 도시예요. 그중에서도 동대문 시장, 남대문 시장, 인사동, 명동은 볼거리, 즐길거리, 먹을거리가 가득해서 항상 많은 사람들이 찾는 곳이지요.

서울의 이곳저곳을 살펴보러 함께 떠나 볼까요?

오랜 역사의 남대문 시장과 동대문 시장

600년에 가까운 역사를 지닌 남대문 시장은 서울시 중구 남창동에 자리 잡고 있어요. 17세기 후반 서울의 인구가 늘어나고 전국에서 거두어들인 쌀과 베, 무명을 보관하는 선혜청을 남대문 안쪽에 설치하면서 주막과 객사가 늘어나 자연스럽게 시장으로 발전되었지요. 이를 '칠패'라고 불렀는데, 도성 안에서 불법적으로 장사를 하던 상인들이 단속을 피해 칠패로 몰려들었어요. 남대문 시장은 한국 전쟁 이후 지금의 모습을 갖추었고, 오늘날 1만여 개의 가게에 하루 30만 명이 넘게 드나드는 세계적인 재래시장이 되었어요.

1905년에 세워진 동대문 시장은 조선 시대 '배오개 난전', 즉 배오개 길거리에서 물건을 파는 사람들로부터 비롯되었어요. 그러다가 종로 상인들이 광장 주식회사를 세워 동대문 시장을 관리하면서부터 근대적인 모습을 갖추었지요.

오늘날 동대문 시장에는 오락 시설과 패션 타워들이 우뚝 솟아 있어요. 특히 일본과 동남아시아 관광객들이 이곳을 많이 찾는답니다.

🚌 **주막**
길가에서 밥과 술을 팔며 나그네가 묵어가는 곳을 말해요.

🚌 **객사**
나그네를 묵게 하는 집을 말해요.

🚌 **칠패**
조선 후기 서울에 있던 시장의 하나로, 지금의 남대문 시장을 말해요.

남대문 시장

동대문 시장

왜 도깨비 시장이라고 부를까?
남대문 시장을 도깨비 시장이라고도 불러요. 한국 전쟁이 끝난 뒤 상인들은 외국에서 몰래 들여온 밀수품과 군에서 사용하는 물건들을 내다 팔았어요. 그러다가 갑자기 단속이 나오면 상인들은 재빨리 진열된 상품을 국산품으로 바꾸었는데, 이것이 '도깨비 장난' 같다고 해서 이런 이름이 붙었답니다.

전통문화의 거리, 인사동

인사동 거리

'인사동'이라는 이름은 조선시대 한성부의 관인방(寬仁坊)과 대사동(大寺洞)에서 가운데 글자인 '인(仁)'과 '사(寺)'를 따서 지었어요. 일제 강점기에 이곳에 골동품 상가가 형성되었고, 1980년대부터 화랑들이 들어서면서 늘 다양한 예술 작품을 볼 수 있는 곳이 되었지요.

국내외 관광객이 끊이지 않는 인사동은 골목골목마다 전통의 향기가 배어 있는 우리나라의 대표적인 전통문화 거리예요.

인사동은 매일 정해진 시간에 '차 없는 거리'로 운영돼.

첨단 유행 문화의 거리, 명동

오늘날 명동은 서울을 상징하는 번화가이지만, 조선 시대에는 주택가였어요. 그런데 1800년대 후반부터 상업 지역으로 바뀌었지요. 그 뒤 명동은 근대적 건축물과 다양한 상품으로 많은 고객들을 끌어들이며 변화했어요. 지금은 우리나라의 대표적인 금융 중심지이자 첨단 유행을 이끄는 문화의 거리로 그 역할을 다하고 있어요. 또 명동 성당과 중국 대사관 등의 명소로도 유명하지요.

명동 거리

서울 시티 투어 버스

하루 종일 자유롭게 투어 버스를 타고 내리면서 사대문 안 궁궐과 도심의 명소, 쇼핑 타운까지 서울의 관광 명소를 한번에 둘러볼 수 있어요.

투어코스
도심고궁남산 코스
파노라마 코스
어라운드 강남코스
야경코스

· 문의 : (02)777-6090
· 홈페이지: http://www.seoulcitybus.com

자연이 살아 숨 쉬는 공간

서울 하면 빽빽한 빌딩 숲과 딱딱한 아스팔트가 떠오른다고요? 하지만 서울에는 생태 환경이 잘 보존된 녹지 공간도 많아요. 이제부터 자연 속 서울의 쉼터를 살펴보아요.

서울 시민의 쉼터, 한강 공원

한강 공원

서울특별시는 한강 둔치를 개발하여 11개의 공원을 만들었어요. 시민들이 언제든지 이용할 수 있는 자연 학습장과 수영장, 낚시터, 요트장, 보트장 등이 마련되어 있고, 자전거나 인라인 스케이트를 탈 수 있는 곳도 있지요. 끝없이 흐르는 강물을 보면서 가족과 함께 한강 공원을 산책하는 것도 좋을 거예요.

자연이 살아 숨 쉬는 곳, 서울숲

2005년 성동구 뚝섬에 문을 연 서울숲은 문화 예술 공원, 생태숲, 체험 학습원, 습지 생태원, 한강 수변 공원 등 5개의 주제별 공간으로 이루어진 생태 공원이에요. 110종 42만여 그루의 나무가 맑은 공기를 뿜어내고, 꽃사슴, 고라니, 다람쥐, 박새, 원앙, 청둥오리 등의 야생 동물들이 뛰놀고 있지요.

서울숲

도심의 오아시스, 청계천

청계천은 남산, 북악산 등에서 시작하여 중랑천과 합쳐져 한강으로 흘러드는 하천이에요. 조선 시대에는 '개천'이라 불렸으나, 일제 강점기에 청계천으로 이름이 바뀌었지요. 그 뒤 청계천은 온갖 쓰레기와 생활 하수로 오염되어 정부는 청계천을 덮어 도로를 만들었어요.

하지만 2005년 10월, 청계천은 새롭게 탈바꿈했어요. 흉물스러운 콘크리트 덩어리를 벗어 던지고 깨끗한 물이 흐르는 자연 공간이 된 것이지요. 청계천은 우리에게 다양한 휴식 공간을 제공해 준답니다.

청계천

환경 생태 공원, 월드컵 공원

월드컵 공원은 난지도에서 환경 생태 공원으로 새롭게 태어난 곳이에요. 평화의 공원, 하늘 공원, 노을 공원, 난지천 공원, 난지 한강 공원으로 이루어져 있지요.

평화의 공원은 21세기에 최초로 열린 월드컵 경기를 기념하고 세계인의 화합과 평화를 상징하는 이미지를 나타내도록 열린 광장으로 꾸며졌어요. 또 월드컵 공원 중 가장 하늘과 가까운 곳에 자리 잡은 하늘 공원에는 바람개비 5기를 설치해 바람을 이용하여 전기를 만들어 내지요. 그리고 이렇게 만들어진 청정에너지로 하늘 공원 안의 가로등을 밝히고, 탐방객 안내소 등에 전력을 공급한답니다.

> **청계천의 역사가 고스란히 담겨 있는 청계 8경**
>
> 청계천에는 분수와 폭포, 청계천 미니어처 등으로 꾸민 청계 광장을 비롯해 조선 시대의 대표적인 돌다리인 광통교, 정조의 화성 행차를 그린 정조반차도가 있어요.
> 또 패턴천변, 빨래터, 소망의 벽, 하늘물터, 버들습지 등의 청계 8경이 마련되어 있어 청계천의 역사를 감상할 수 있어요.

여기서 잠깐!

써 보세요

각 물음에 알맞은 답을 써 보세요.

1. 청계천의 옛 이름은 무엇인가요? (   )

2. 월드컵 공원 안의 공간 중 바람개비를 설치해 청정에너지를 만들어 전력을 공급하는 공원은 어디일까요? (   )

정답은 56쪽에

대한민국의 중심지, 서울

짧은 기간 동안 눈에 띄게 큰 성장을 이룬 서울은 우리나라 정치와 경제, 행정, 문화의 중심지로서 굳건히 자리 잡고 있어요.

서울에는 대통령이 나랏일을 살피는 청와대를 비롯하여 국민의 대표로 구성된 입법 기관인 국회가 열리는 국회 의사당이 있어요. 또한 경제 활동이 원활하게 이루어지도록 하는 한국은행이 있으며, 금융 시장 참여자들이 공정한 거래를 하도록 감독하는 일을 하는 금융 감독원도 있지요. 또 중앙 행정 기관과 서울시의 자치 행정을 총괄하는 서울특별시청이 있어 정치와 행정을 이끌어 가고 있어요. 그뿐만 아니라 서울은 박물관과 미술관, 도서관, 공연장이 가득한 문화의 중심지이기도 해요.

이렇듯 정치, 경제, 행정, 문화의 발전을 이끄는 풍부한 환경은 서울이 효율적으로 움직이고, 나아가 세계적인 도시 서울로 뻗어 가는 데 큰 역할을 한답니다.

그럼, 이제부터 세계 속의 서울로 우뚝 서게 한, 서울을 움직이는 힘을 만나러 가 볼까요?

민주 정치가 실현되는 도시

 서울에는 대통령이 나랏일을 살피는 청와대를 비롯하여 국회 의원들이 나라의 발전과 국민의 행복한 삶을 위해 나라의 살림살이를 감독하고 중요한 일을 결정하는 국회 의사당이 있어요.
 그럼, 청와대와 국회 의사당을 찾아가 볼까요?

대통령이 사는 곳, 청와대

예로부터 푸른색은 좋은 기운을 돌게 한다고 해서 궁궐에서 사랑을 받았대.

 청와대는 우리나라의 최고 통치권자인 대통령이 나랏일을 보고 생활하는 곳이에요. 주변에는 북쪽으로 북악산, 동남쪽으로 낙산, 서남쪽으로 인왕산, 남쪽으로 남산이 둘러싸고 있어 풍수지리가 좋은 곳이지요. '청와대'라는 이름은 본관 건물의 지붕을 청기와로 덮었기 때문에 붙였어요.

 청와대에는 대통령이 나랏일을 보는 본관과 쉬는 곳인 대통령 관저, 대통령의 일을 돕는 비서들이 일을 하는 여민관, 손님들을 맞이하는 영빈관, 대통령이 기자 회견을 하고 기자들이 기사를 쓰는 곳인 춘추관 같은 여러 건물과 넓은 정원, 연못 등이 있어요.

 옛날에는 일반인들이 청와대에 들어갈 수 없었지만, 지금은 누구나 청와대를 구경할 수 있어요.

대통령이 나랏일을 보는 청와대 본관의 모습이야.

청와대

청와대를 관람하려면……

· 관람일 : 매주 화요일 ~ 금요일, 둘째 · 넷째 주 토요일
· 관람 시간 : 10시, 11시, 2시, 3시
· 관람 방법 : 관람 희망일 20일 전까지 청와대 홈페이지에서 신청
· 문의 : (02) 730-5800
· 홈페이지 : 청와대 http://www.president.go.kr
   어린이 청와대 http://www.children.president.go.kr

국회 의원들이 회의하는 곳, 국회 의사당

우리나라의 중요한 일은 어떻게 결정하고 추진할까요? 국민을 대표하는 국회 의원들을 뽑아 나라의 중요한 일을 결정하도록 해요. 이렇게 국회 의원들이 모여 나라의 중요한 일을 의논하는 곳이 바로 국회예요.

국회가 하는 일 가운데 가장 중요한 일은 법을 만드는 것이에요. 또 나라의 살림살이를 위한 예산이 제대로 짜였는지, 낭비하는 일은 없는지 심의하고, 국민의 대표로서 정부를 감시하고 감독하며 국가의 중요한 일을 결정하지요.

국회가 열리는 여의도 국회 의사당은 우리나라 민주주의를 상징하는 중요한 건물로, 24개의 화강암 팔각기둥이 둥근 지붕을 받치고 있어요. 24개의 기둥은 일 년 24절기를 상징하며, 국민의 다양한 의견을 나타내지요. 그리고 앞쪽의 기둥 8개는 우리나라 전국 8도를 상징하지요. 또 커다란 돔 모양의 지붕은 국민들의 다양한 의견을 둥그런 돔처럼 하나로 모은다는 민주 정치의 참뜻을 상징한답니다.

🚌 **예산**
국민들이 낸 세금을 가지고 1년 동안 어떻게 나라 살림살이를 할 것인지 정한 계획을 말해요.

🚌 **심의**
심사하고 토의하는 것을 말해요.

중앙청 건물
옛 조선 총독부 건물이었는데, 제헌 국회 의사당으로 사용했어요. 1995년 광복 50주년을 맞아 헐었지요.

대한민국 어린이 국회
민주주의와 국회 의원에 대해 자세히 알아보고, 사이버 국회 활동에 참여할 수 있어요.
·홈페이지 : http://child.assembly.go.kr

국회 의사당

나라의 경제를 이끄는 도시

서울은 생산에 필요한 자본과 기술, 인적 자원이 풍부하며, 교통이 발달했고, 생산 활동을 돕는 여러 시설과 기관들이 많이 모여 있어서 우리나라 경제 활동의 중심지 역할을 톡톡히 하고 있어요.

그럼, 경제 활동에서 중요한 역할을 하는 한국은행과 금융 감독원에 대해 좀 더 자세히 알아볼까요?

우리나라의 중앙은행, 한국은행

한국은행은 우리나라의 중앙은행으로, 물가 안정과 경제 발전을 위해 여러 가지 중요한 일을 해요. 자원의 양은 일정한데, 시중에 돈이 너무 많으면 돈의 가치가 떨어져 물가가 오르게 돼요. 그렇다고 시중의 돈을 지나치게 줄이면 물가가 떨어지고 경제 활동이 침체되지요. 이렇듯 물가가 불안정해지지 않도록 하기 위해 한국은행은 돈의 양과 흐름을 조절해요. 또 우리나라 화폐를 발행하는 일도 하지요.

한편 한국은행은 국민이나 기업이 아니라 오로지 금융 기관을 상대로 예금을 받고 대출을 해 주며, 세금 등의 정부 수입을 거두고, 지급하는 일도 해요.

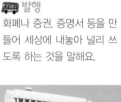

발행
화폐나 증권, 증명서 등을 만들어 세상에 내놓아 널리 쓰도록 하는 것을 말해요.

한국은행

홈페이지에 마련된 체험학습지를 보며 둘러보면 화폐에 대해 더 잘 알게 될 거야.

화폐 금융 박물관
돈의 역사와 화폐 가치, 통화 정책 등 돈과 관련된 모든 것을 볼 수 있어요.
· 관람 시간 : 화요일~일요일 오전 10시 ~ 오후 5시
· 휴관일 : 월요일, 공휴일, 12월 29일~1월 2일, 설날 및 추석 연휴
· 문의 : (02) 759-4114
· 홈페이지 : www.bok.or.kr/museum/main/main.do

금융 시장의 감독, 금융 감독원

금융 감독원은 건전한 신용 질서가 유지되고 공정한 금융 거래가 이루어지도록 돕고, 예금자와 투자자를 보호하는 일을 해요. 1999년 1월, 은행 감독원, 증권 감독원, 보험 감독원, 신용 관리 기금으로 나뉘어 있던 금융 감독 기능을 하나로 모아 새로 만든 기관이지요.

금융 감독원은 금융 회사가 고객이 예금한 돈을 재정이 튼튼한 회사에 빌려 주었는지 감독하는 심판 역할을 해요. 즉, 금융 참여자들이 공정한 거래를 하도록 돕고, 불공정한 거래를 찾아내서 벌을 주며, 금융 회사와 소비자 사이에서 발생한 문제를 해결해 주지요.

금융 시장에는 위험 요소가 아주 많아요. 은행이 망하면 은행과 거래하는 기업들이 문을 닫게 되기 때문에 우리나라 경제가 전체적으로 어려워지지요. 그래서 금융 감독원은 금융 회사가 튼튼해질 수 있도록 도와주고, 금융 시장에서 거래가 공정하게 이루어지도록 감독한답니다.

금융 감독원

🚌 예금자
금융 기관에 돈을 맡긴 사람을 말해요.

🚌 투자자
투자하는 사람을 말해요.

금융 교육 센터
금융 감독원은 금융에 대한 이해를 돕기 위해 금융 현장 체험 교육 등을 실시하고 있어요.
· 참가 방법 : 홈페이지에서 신청
· 문의 : (02) 3145-5114
· 홈페이지 : www.fss.or.kr/edu/main.jsp

여기서 잠깐! 한국은행과 금융감독원이 하는 일을 써 봐요

한국은행이 하는 일에는 '한', 금융 감독원이 하는 일에는 '금'이라고 쓰세요.

① 우리나라의 화폐를 발행해요. (　　)
② 금융 회사가 돈을 재정이 튼튼한 회사에 빌려 주었는지 감독해요. (　　)
③ 돈의 양과 흐름을 조절해요. (　　)
④ 금융 참여자들의 불공정한 거래를 찾아 벌을 주어요. (　　)
⑤ 금융 기관을 상대로 예금을 받고 대출을 해 주어요. (　　)
⑥ 금융 회사와 소비자 사이의 문제를 해결해 주어요. (　　)

정답은 56쪽에

서울을 상징하는 것들

나라를 대표하는 것으로 노래와 국기, 꽃 등이 있듯이 도시에도 그 도시를 대표하는 여러 가지 상징이 있답니다. 그럼, 서울을 대표하는 상징들을 알아볼까요?

산, 해, 강을 나타내는 휘장

서울의 휘장

서울을 상징하는 마크는 '서울'이란 글자의 자음(ㅅ, ㅇ, ㄹ)을 각각 산, 해, 한강으로 나타낸 것이에요. 녹색 산은 환경 사랑을, 청색 한강은 역사와 활력을, 그리고 가운데의 해는 미래의 희망을 뜻하지요. 전체적으로 보면 신이 나서 춤을 추는 사람의 모습이며, 사람이 중심인 서울시를 상징해요.

서울의 브랜드, 아이 서울 유

서울의 브랜드

사람(I)과 사람(YOU) 사이 서울이 있고, 뜨거운 열정과 차분한 여유를 상징하는 붉은 점과 푸른 점의 중심에 서울이 있다는 의미입니다. 'SEOUL'의 영문 'O(오)'를 'ㅇ(이응)'으로 대체했는데, 이 부분은 대한민국의 자부심과 세계와의 공존을 뜻합니다. 그리고 한국의 전통문양 중 하나인 문고리 모양으로도 표현되어 나(I)와 당신(YOU)이 서울의 문을 두드려 열고, 함께 들어가자는 의미도 있다고 합니다.

서울의 심벌, 해치

해치

현재 서울특별시를 상징하는 캐릭터는 '해치'입니다. 해치는 선악을 판단한다는 상상의 동물이지요. 또 화재나 재앙을 물리치는 신수이기도 합니다. 온갖 나쁜 기운을 막아 주고, 행운과 기쁨을 가져다주는 존재로 서울을 지켜 주는 든든한 수호자랍니다.

서울의 나무, 꽃, 새

서울의 나무는 은행나무예요. 은행나무는 아름답고 크게 자라며 화석 나무라고 할 정도로 오래 살아요. 이러한 은행나무의 모습은 서울의 무한한 발전을 상징하지요.

서울의 꽃인 개나리는 병충해와 추위에 강하고, 서울의 기후와 땅에도 잘 맞는 식물이에요. 봄에 한꺼번에 노란 꽃을 피우는 모습은 서울 시민의 협동 정신을 나타내며, 꽃말이 '희망'이기 때문에 희망찬 서울을 뜻하기도 하지요.

서울의 새인 까치는 주변에서 쉽게 볼 수 있고, 예로부터 아주 친근한 새로 여겼어요. 또 사람들은 아침에 까치 소리를 들으면 좋은 소식이 온다고 믿었어요. 그래서 서울에 좋은 일만 생기라는 뜻에서 까치를 서울의 새로 정했답니다.

까치

은행잎

개나리

은행나무

서울 시민의 날, 10월 28일

조선을 세운 태조 이성계는 음력 1394년 10월 28일, 수도를 개경에서 한양으로 옮겼어요. 이것을 기념해 서울이 수도가 된 지 600년이 되는 1994년에 10월 28일을 '서울 시민의 날'로 정했어요. 그 뒤 해마다 이날 서울 시민들이 축제를 열어 즐기고 있답니다.

시민의 내일을 책임지는 도시

서울의 살림살이를 꾸려 나가는 기관은 어디일까요? 바로 서울특별시청과 서울특별시의회예요. 서울특별시의회는 서울 시민을 대표하는 기관으로, 서울특별시청이 살림을 잘하는지 살펴보며, 서울특별시청에서는 서울특별시의회에서 결정한 정책을 잘 펼쳐 나간답니다.

그럼, 서울의 행정과 행정 기관에 대해 좀 더 알아볼까요?

더 나은 서울을 위한 서울시 행정

현재 서울시는 크게 다섯 가지 핵심적인 목표를 두고 행정 사업을 진행하고 있어요.

먼저 서울을 대표적인 경제 · 관광 중심지로 발전시키기 위해 청계천을 자연과 디지털이 어우러진 첨단 공간으로 만들 계획이에요. 또 5대 궁궐의 아름다움과 역사를 보여 주는 문화 관광 벨트도 구성하고 있지요.

다음으로는 모든 지역의 균형 있는 발전을 위해 뉴타운 사업을 추진하고, 각 지역마다 특색 있는 산업을 발전시키고 있어요.

한강과 관련해서는 한강 시민 공원에 각종 문화와 레저 시설을 갖추어 세계적인 한강으로 만드는 일을 하고 있어요.

서울 시청

그뿐만 아니라 서울시는 시민을 위해 주택을 마련하고, 청소년 지원 센터를 늘리는 등 복지 사업도 추진하고 있어요.

마지막으로 서울의 공기를 깨끗하게 하기 위해 서울 곳곳에 녹지 공간을 늘릴 예정이에요.

서울 시민들을 위해 일하는 서울특별시의회

서울특별시의회는 시민들이 투표로 뽑은 시의회 의원들로 구성되어 있어요.

서울특별시의회에서는 먼저 시민들이 편리하게 생활하는 것을 돕기 위해 조례를 정하는 일을 해요. 때로는 원래 있던 조례를 고치거나 필요 없게 된 것은 없애기도 하지요. 또 1년 동안 들어올 세금을 예상하고 거기에 맞추어 돈 쓸 곳을 결정하는 일도 해요.

그리고 매년 시청과 각 자치 단체가 시의회에서 결정한 일을 제대로 처리했는지 감사하고, 필요한 경우에는 직접 현장에 나가 확인하기도 해요. 또 시민들이 요구 사항을 적어 청원서를 제출하면 그것을 확인하고 심사해 필요한 것을 해 주도록 하는 역할도 한답니다. 때로는 공청회나 토론회를 열어 시민의 목소리를 듣고 행정에 반영하기도 하지요.

조례
지방 자치 단체가 지방 의회의 결정에 따라 만들거나 고치는 자치 법규를 말해요.

감사
잘 살펴 조사하는 것을 말해요.

서울특별시의회

저곳에서 110명의 의원들이 서울 시민을 위해 일하고 있어.

시의원은 4년에 한 번씩 선거를 통해 뽑아.

서울특별시의회 방청 참관
본회의장에서 열리는 의회를 방청할 수 있어요.
· 방청 방법 : 전화 예약
· 문의 : (02) 2180-7827
· 홈페이지 : http://www.smc.seoul.kr

문화의 꽃을 피우는 도시

서울은 공연장, 미술관, 박물관, 도서관 등의 문화 시설이 풍부해요. 그럼, 여러 문화 공간 중에서 박물관들과 서울의 대표적인 축제를 살펴보아요.

국립 중앙 박물관
· 문의 : (02) 2077—9000
· 홈페이지 : http://www.museum.go.kr

서울 역사 박물관
· 문의 : (02) 724—0274
· 홈페이지 : http://www.museum.seoul.kr

서대문 자연사 박물관
· 문의 : (02) 330—8899
· 홈페이지 : http://namu.sdm.go.kr

국립 중앙 박물관

서울 역사 박물관

서대문 자연사 박물관

국립 중앙 박물관

국립 중앙 박물관은 15만여 점의 소장 유물 중 5,000여 점의 유물을 46개 전시실에서 상설 전시하고 있어요. 1층에는 선사 시대에서 조선 시대까지의 역사를 볼 수 있는 고고관과 역사관이, 2층에는 유물과 미술 작품들을 감상할 수 있는 기증관과 미술관 Ⅰ이, 3층에는 전통 공예품과 도자기를 만날 수 있는 미술관 Ⅱ와 이웃 나라의 유물이 가득한 아시아관이 있답니다.

서울 역사 박물관

오늘의 서울이 있기까지 어떻게 변화하고 발전해 왔는지를 역사와 전통문화를 중심으로 보여 주는 박물관이에요. 소장품은 대부분 시민들이 기증한 유물이지요.

서대문 자연사 박물관

자연 속에서 살아가는 많은 생명체의 과거와 현재 모습을 전시하는 곳이에요. 3차원의 입체적인 전시물과 다양한 동영상 및 프로그램을 체험할 수 있지요.

서울거리예술축제

예로부터 우리나라 사람들은 명절이면 마을끼리 길쌈놀이나 씨름을 즐겼어요. 또 한 해의 첫날에는 줄다리기나 차전놀이를 통해 그해의 풍년을 기원하기도 했지요. 이러한 마을 축제는 사람들 사이의 화합과 단결을 이끌어 내는 아주 중요한 역할을 했어요.

하이 서울 페스티벌 광경

2003년 '하이 서울 페스티벌'을 열었고, 2016년에 '서울거리예술축제'로 행사 명칭이 변경되었어요. 이 축제는 해마다 서울 시민의 관심과 사랑을 듬뿍 받으며 세계적인 축제로 성장해 외국인 관광객들도 많이 방문하여 함께 즐긴답니다. 서울광장, 청계광장, 광화문광장, 청계천로, 세종대로 등의 일상적인 장소에서 그곳을 공연장으로 삼아, 남녀노소 시민 누구에게나 열려 있는 예술을 선보입니다.

서울의 여러 자치구에서도 각 지역의 특색을 살린 축제가 열려요. 강동구의 선사문화축제(10월), 중구의 서울무형문화축제(9, 10월 중), 송파구의 한성백제문화제(9, 10월 중) 등의 자치구 축제가 있어요.

서울거리예술축제
· 홈페이지 : www.ssaf.or.kr
· 문의 : (02) 758-2066

세계 여러 나라의 수도

　지금까지 정치, 경제, 행정, 문화의 중심지로서 세계로 뻗어 가는 서울에 대해 알아보았어요. 서울이 우리나라의 수도로서 정말 많은 일을 하고 있다는 것을 알았지요? 그렇다면 여기서 잠깐, 다른 나라의 수도는 어떤 곳인지 한번 알아보아요.

하이드 파크

하이드 파크

런던

파리

에펠 탑

유럽

아시아

베이징

만리장성

서울

도쿄

아프리카

오세아니아

영국의 수도, 런던

　2,000년의 역사를 자랑하는 런던은 오랜 시간만큼이나 과거와 현재가 조화롭게 어우러진 도시예요. 왕조 시대의 전통적인 의식과 건축물에서부터 공연, 쇼핑, 오락 등 현대적인 볼거리를 쉽게 접할 수 있지요. 또한 도시 곳곳에 펼쳐진 푸른 공원은 세계 제일로 손꼽힌답니다.

프랑스의 수도, 파리

　파리는 서울의 6분의 1 크기밖에 안 되지만 많은 사람들이 모여 살아요. 프랑스의 정치, 경제, 문화의 중심지이며 세계적인 관광지이지요. 특히 파리는 예술의 도시로 유명해요. 지금도 많은 예술가들이 생활하던 장소가 곳곳에 남아 있지요. 또 루브르 박물관, 베르사유 궁전, 에펠 탑 등의 건축물로도 유명한 도시랍니다.

에펠 탑

중국의 수도, 베이징

베이징은 도시 전체가 박물관이라고 할 정도로 역사 유적이 많은 도시예요. 만리장성, 고궁, 이화원 등은 세계적으로 유명한 볼거리를 자랑하지요. 베이징은 과거의 모습을 잘 지키고 있을 뿐 아니라 오늘날 끊임없이 현대적 도시로 성장하여 중국의 중심지 역할을 톡톡히 하고 있답니다.

만리장성

베이징은 2008년 제29회 올림픽을 개최한 곳이야.

북아메리카

백악관

워싱턴

남아메리카

백악관

미국의 수도, 워싱턴

워싱턴은 미국의 수도일 뿐 아니라 모든 나라의 주목을 받는 세계적인 도시예요. 현재 미국 정치 기구의 중심이자 세계 각국의 대사관과 세계은행 등 중요한 국제기관들이 자리 잡고 있거든요. 또한 미국 대통령이 사는 곳인 백악관의 건물과 푸른 녹음이 어우러져 공원과도 같은 아름다움이 느껴지는 도시랍니다.

신주쿠 야경

일본의 수도, 도쿄

도쿄는 정치, 경제, 행정, 교육, 문화, 교통, 공업의 중심지로, 국제도시로서도 이름을 날리고 있어요. 비즈니스 중심지인 마루노우치, 유흥가인 아카사카와 롯폰기, 쇼핑의 중심지인 긴자, 시부야, 신주쿠, 그리고 전통적인 분위기의 아사쿠사 등이 조화를 이루고 있지요.

또 도쿄는 특히 금융이나 서비스업 같은 제3차 산업의 비중이 매우 크며, 대학, 출판사, 일본의 일류급 문화 시설과 각종 언론 기관이 모여 있답니다.

서울을 돌아보고 나서

　지금까지 우리나라의 수도인 서울에 대해 많은 것을 살펴보았어요.

　오랜 역사 속에서 때로는 나라의 강력한 중심지로, 때로는 서럽고 아픈 기억을 간직한 도시로 파란만장한 자취를 남긴 서울을 보며 어떤 것을 느꼈나요?

　이러한 역사를 뒤로하고 21세기를 맞이한 서울은 아주 짧은 기간 동안 크게 발전했어요. 그래서 오늘날의 서울은 대한민국의 정치, 경제, 행정, 문화의 중심지로서 그 역할을 다하고 있지요.

　그뿐만 아니라 세계 여러 나라와 능동적으로 교류하며 어느 나라의 도시에 견주어도 뒤지지 않는, 경쟁력 있는 국제도시로 성장하고 있어요.

　앞으로 서울을 더욱 힘 있고, 앞서 나가는 세계 속의 일류 도시로 발전시킬 주인공은 누구일까요? 바로 여러분이에요. 여러분의 어깨에 서울의 발전된 미래가 달려 있다는 것 잊지 마세요.

나는 서울 박사!

서울을 둘러본 느낌이 어떤가요? 긴 역사 속에서 우리나라의 중심 역할을 해 온 서울에 대해 많은 것을 알게 되었지요? 다시 하나하나 되짚어 보면서 서울에 대한 문제를 풀어 보세요.

❶ 빈칸에 알맞은 시대를 써 보세요.

다음은 각 시대별 서울에 대한 설명이에요. 어느 시대에 일어난 일인지 보기에서 찾아 빈칸에 써 보세요.

보기	선사 시대, 삼국 시대, 고려 시대, 조선 시대, 근대, 오늘날

1. 이 시대에 서울은 수도의 모습을 갖추어 '한성'이라는 이름으로 515년 동안 나라의 중심지 역할을 했어요. ( )

2. 이 시대에는 넓은 들과 한강이 펼쳐진 서울을 차지하기 위해 치열한 전쟁이 벌어졌어요.
( )

3. 서울시 강동구 암사동 지역에 사람들이 움집을 짓고, 모여 생활한 흔적을 남겼어요.
( )

4. 서울특별시라는 이름으로, 25개 자치구에 522개 동이 속해 있어요. ( )

5. 이 시대에 서울은 작은 수도였어요. 몇몇 왕들이 중경에서 한양으로 수도를 옮기려고 노력하였지만 그 뜻을 이루지 못했어요. ( )

6. 일본이 서울의 이름을 경성부로 바꾸어 부르고, 나라의 주권을 강제로 빼앗는 등 서울의 자존심이 짓밟혔던 시대예요. ( )

❷ 도전! 골든벨 O, X 퀴즈

다음 서울특별시의회에 관한 내용을 읽고 맞으면 O, 틀리면 X로 표시하세요.

1. 시의회 의원들은 대통령이 뽑아요. ( )
2. 이곳에서 결정한 정책은 서울특별시청에서 진행해요. ( )
3. 이곳은 매년 시청과 각 자치 단체가 시의회에서 결정한 일을 제대로 처리했는지 감사하는 일을 해요. ( )
4. 서울특별시의회에는 자치 법규를 만들거나 고칠 권리가 없어요. ( )
6. 2019년 현재 110명의 의원들이 서울 시민을 위해 일하고 있어요. ( )
7. 시민들은 본회의장에서 열리는 의회에는 참석할 수 없어요. ( )
8. 시민들이 제출한 청원서를 확인하고 심사해 필요한 것을 해 주도록 해요. ( )

알맞게 연결해 보세요.

조선 시대에 지어진 다섯 개의 궁에 대한 설명을 골라 알맞게 연결해 보세요.

경복궁

1909년 최초로 궁궐 안에 서양식 건물인 석조전을 지어 전통과 현대의 멋이 어우러진 궁궐이에요.

경희궁

조선의 궁궐 중 가장 오랜 기간인 258년 동안 임금들이 살면서 정치를 펼친 궁궐이에요.

창경궁

왕실의 어른들을 모시기 위한 궁궐로, 일제 강점기에 일본이 궁궐 안에 동물원과 식물원, 박물관을 설치하고 이름도 바꾸었어요.

덕수궁

1394년 한양으로 도읍을 옮긴 태조가 이듬해에 지은 궁궐로, 그 이름에는 '왕과 그 자손이 영원토록 복을 누린다.'는 뜻이 담겨 있어요.

창덕궁

원래 인조의 아버지인 정원군의 집이 있던 곳인데, 이곳에 왕의 기운이 서려 있다는 이야기를 듣고 그 터 위에 세운 궁궐이에요.

정답은 56쪽에

나만의 서울 안내지 만들기

지금까지 서울의 이곳저곳을 둘러보았어요. 서울은 역사가 깃든 유적지부터 세련된 최신식 건물까지 어느 곳 하나 빼놓을 수 없는 아름다운 도시예요. 그럼, 여러분이 친구들에게 소개하고 싶은 서울의 명소를 골라 직접 안내지를 만들어 볼까요?

재미있는
주제를 정해
보세요!

이렇게 만들어요

안내지를 어떻게 만들어야 할지 모르겠다고요?
아래의 순서를 따라 하면 쉽게 만들 수 있을 거예요.
그럼, 순서를 차례차례 살펴볼까요?

① 주제를 정해요.

맨 먼저 할 일은 안내지의 주제를 정하는 거예요. 서울에 있는 한옥 마을, 산책하기 좋은 곳 등 나만의 독특한 주제를 정해도 좋고, 궁, 한강, 시장, 사대문 같은 대표적인 관광지를 주제로 삼아도 좋아요.

② 장소를 정해요.

주제를 정했다면 그 주제에 해당하는 구체적인 장소를 서너 군데 생각해요. 예를 들어, '궁'을 소개하고 싶다면 경복궁, 창덕궁, 덕수궁 등의 장소를 결정하는 것이지요.

③ 사진을 찍어요.

여러분이 소개하려는 장소를 직접 찾아가 사진을 찍어요. 아마 직접 찾아가기 힘든 친구들도 있을 거예요. 그럴 때는 인터넷이나 신문, 잡지 등에서 원하는 사진을 찾으면 돼요.

④ 정보를 찾아요.

각 장소에 관한 정보가 빠져서는 안 되겠죠? 책이나 인터넷에서 알게 된 정보와 함께 여러분이 직접 가 보고 느낀 점까지 더한다면 재미있는 안내지가 될 거예요.

⑤ 안내지를 만들어요.

색지에 사진을 붙인 뒤 사인펜과 색연필을 이용해 내용을 쓰고 예쁘게 꾸며 보세요. 이렇게 만든 세상에 하나뿐인 나만의 안내지를 가지고 친구들에게 서울을 소개해 보는 것은 어때요?

이렇게 만들었어요

내가 좋아하는 '선유도 공원'을 주제로 안내지를 만들었어요.

준비물 사인펜, 색연필, 가위, 풀, 색지, 소개할 장소의 사진 등

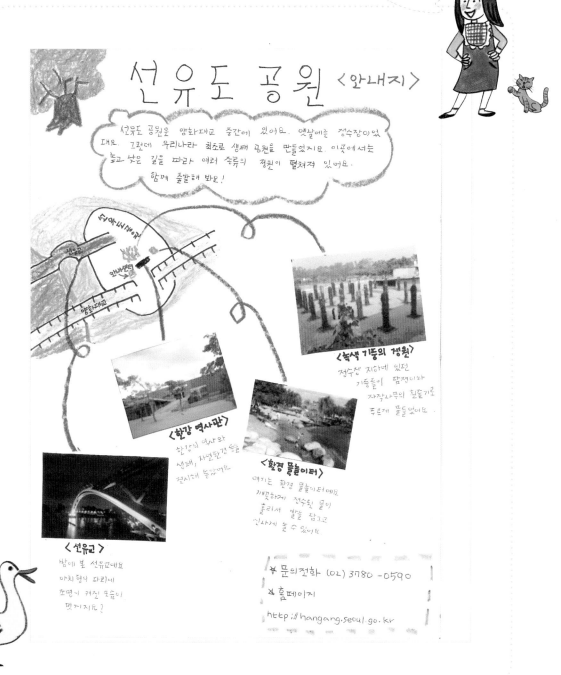

짜잔!
내가 만든
나만의 서울
안내지야!

선유도 공원 〈안내지〉

선유도 공원은 양화대교 중간에 있어요. 옛날에는 정수장이었
대요. 그런데 우리나라 최초로 생태 공원을 만들었지요. 이곳에서는
놓고 낮은 길을 따라 여러 종류의 정원이 펼쳐져 있어요.
함께 출발해 봐요!

〈녹색 기둥의 정원〉
정수장 지하에 있던
기둥들이 담쟁이와
자작나무의 덩굴기로
푸르게 물들었어요.

〈한강 역사관〉
한강의 역사와
생태, 자연환경 등을
전시해 놓았어요.

〈환경 물놀이터〉
여기는 환경 물놀이터에요
깨끗하게 정수된 물이
흘러서 발을 담그고
신나게 놀 수 있어요.

〈선유교〉
밤에 본 선유교에요
아치형의 다리에
조명이 켜진 모습이
멋지지요!

✽ 문의전화 (02) 3780 - 0590

✽ 홈페이지
http://hangang.seoul.go.kr

정답

여기서
잠깐!

10쪽 반달 돌칼, 돌 화살촉, 갈돌, 갈판, 보습, 돌낫, 돌도끼 등

12쪽 평양, 경주, 서울

31쪽 준우

35쪽 1. 개천
　　　2. 하늘 공원

41쪽 ❶ 한, ❷ 금, ❸ 한, ❹ 금, ❺ 한, ❻ 금

나는 서울 박사!

❶ 빈칸에 알맞은 시대를 써 보세요.

다음은 각 시대별 서울에 대한 설명이에요. 어느 시대에 일어난 일인지 보기에서 찾아 빈칸에 써 보세요.

보기	선사 시대,　삼국 시대,　고려 시대,　조선 시대,　근대,　오늘날

1. 이 시대에 서울은 수도의 모습을 갖추어 '한성'이라는 이름으로 515년 동안 나라의 중심지 역할을 했어요. (조선 시대)
2. 이 시대에는 넓은 들과 한강이 펼쳐진 서울을 차지하기 위해 치열한 전쟁이 벌어졌어요. (삼국 시대)
3. 서울시 강동구 암사동 지역에 사람들이 움집을 짓고, 모여 생활한 흔적을 남겼어요.. (선사 시대)
4. 서울특별시라는 이름으로, 25개 자치구에 522개 동이 속해 있어요. (오늘날)
5. 이 시대에 서울은 작은 수도였어요. 몇몇 왕들이 중경에서 한양으로 수도를 옮기려고 노력하였지만 그 뜻을 이루지 못했어요. (고려 시대)
6. 일본이 서울의 이름을 경성부로 바꾸어 불러고, 나라의 주권을 강제로 빼앗는 등 서울의 자존심이 짓밟혔던 시대예요. (근대)

❷ 도전! 골든벨 O, X 퀴즈

서울특별시의회에 관한 내용을 읽고 맞으면 O, 틀리면 X로 표시하세요.

1. 시의회 의원들은 대통령이 뽑아요. (X)
2. 이곳에서 결정한 정책은 서울특별시청에서 진행해요. (O)
3. 이곳은 매년 시청과 각 자치 단체가 시의회에서 결정한 일을 제대로 처리했는지 감사하는 일을 해요. (O)
4. 서울특별시의회에는 자치 법규를 만들거나 고칠 권리가 없어요. (X)
6. 2019년 현재 110명의 의원들이 서울 시민을 위해 일하고 있어요. (O)
7. 시민들은 본회의장에서 열리는 의회에는 참석할 수 없어요. (X)
8. 시민들이 제출한 청원서를 확인하고 심사해 필요한 것을 해 주도록 해요. (O)

❸ 알맞게 연결해 보세요.

조선 시대에 지어진 다섯 개의 궁한 설명을 골라 알맞게 연결해 보세요.

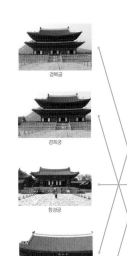

경복궁

경희궁

창경궁

덕수궁

창덕궁

1909년 최초로 궁궐 안에 서양식 건물인 석조전을 지어 전통과 현대의 멋이 어우러진 궁궐이에요.

조선의 궁궐 중 가장 오랜 기간인 258년 동안 임금들이 살면서 정치를 펼친 궁궐이에요.

왕실의 어른들을 모시기 위한 궁궐로, 일제 강점기에 일본이 궁궐 안에 동물원과 식물원, 박물관을 설치하고 이름도 바꾸었어요.

1394년 한양으로 도읍을 옮긴 태조가 이듬해에 지은 궁궐로, 그 이름에는 '왕과 그 자손이 영원토록 복을 누린다.'는 뜻이 담겨 있어요.

원래 인조의 아버지인 정원군의 집이 있던 곳인데, 이곳에 왕의 기운이 서려 있다는 이야기를 듣고 그 터 위에 세운 궁궐이에요.

자, 이제 여러분 모두 서울 박사가 되었지요?

사진을 제공해
주신 관계자
여러분께
감사드립니다.

사진 출처

한강사업본부 수상관광과 32p(한강 공원)

중앙포토 15p(덕수궁 전경)

위키피디아 11p(풍납토성), 24p(숭정전), 26p(숭례문 사진 전부), 27p(흥인지문),
31p(N 서울 타워, 63빌딩), 35p(청계천), 40p(한국은행)

셔터스톡 49p(백악관)

초등학교 교과서와 관련된 학년별 현장 체험학습 추천 장소

1학년 1학기 (21곳)	1학년 2학기 (18곳)	2학년 1학기 (21곳)	2학년 2학기 (25곳)	3학년 1학기 (31곳)	3학년 2학기 (37곳)
철도박물관	농촌 체험	소방서와 경찰서	소방서와 경찰서	경희대자연사박물관	IT월드(과천정보나라)
소방서와 경찰서	광릉	서울대공원 동물원	서울대공원 동물원	광릉수목원	강원도
시민안전체험관	홍릉 산림과학관	농촌 체험	강릉단오제	국립민속박물관	경희대자연사박물관
천마산	소방서와 경찰서	천마산	천마산	국립서울과학관	광릉수목원
서울대공원 동물원	월드컵공원	남산골 한옥마을	월드컵공원	국립중앙박물관	국립경주박물관
농촌 체험	시민안전체험관	한국민속촌	남산골 한옥마을	기상청	국립고궁박물관
코엑스 아쿠아리움	서울대공원 동물원	국립서울과학관	한국민속촌	서대문자연사박물관	국립국악박물관
선유도공원	우포늪	서울숲	농촌 체험	선유도공원	국립부여박물관
양재천	철새	갯벌	서울숲	시장 체험	국립서울과학관
한강	코엑스 아쿠아리움	양재천	양재천	신문박물관	남산
에버랜드	짚풀생활사박물관	동굴	선유도공원	경상북도	남산골 한옥마을
서울숲	국악박물관	고성 공룡박물관	불국사와 석굴암	양재천	롯데월드 민속박물관
갯벌	천문대	코엑스 아쿠아리움	국립중앙박물관	경기도	국립민속박물관
고성 공룡박물관	자연생태박물관	옹기민속박물관	국립민속박물관	이화여대자연사박물관	삼성어린이박물관
서대문자연사박물관	세종문화회관	기상청	전쟁기념관	전쟁기념관	서대문자연사박물관
옹기민속박물관	예술의 전당	시장 체험	판소리	천마산	선유도공원
어린이 교통공원	어린이대공원	에버랜드	DMZ	한강	소방서와 경찰서
어린이 도서관	서울놀이마당	경복궁	시장 체험	화폐금융박물관	시민안전체험관
서울대공원		강릉단오제	광릉	호림박물관	경상북도
남산자연공원		몽촌역사관	홍릉 산림과학관	홍릉 산림과학관	월드컵공원
삼성어린이박물관		국립현대미술관	국립현충원	우포늪	육군사관학교
			국립4·19묘지	소나무 극장	해군사관학교
			지구촌민속박물관	예지원	공군사관학교
			우정박물관	자운서원	철도박물관
			한국통신박물관	서울타워	이화여대자연사박물관
				국립중앙과학관	제주도
				엑스포과학공원	천마산
				올림픽공원	천문대
				전라남도	태백석탄박물관
				경상남도	판소리박물관
				허준박물관	한국민속촌
					임진각
					오두산 통일전망대
					한국천문연구원
					종이미술박물관
					짚풀생활사박물관
					토탈야외미술관

4학년 1학기 (34곳)	4학년 2학기 (56곳)	5학년 1학기 (35곳)	5학년 2학기 (51곳)	6학년 1학기 (36곳)	6학년 2학기 (39곳)
강화도	IT월드(과천정보나라)	갯벌	IT월드(과천정보나라)	경기도박물관	IT월드(과천정보나라)
갯벌	강화도	광릉수목원	강원도	경복궁	KBS 방송국
경희대자연사박물관	경기도박물관	국립민속박물관	경기도박물관	덕수궁과 정동	경기도박물관
광릉수목원	경복궁 / 경상북도	국립중앙박물관	경복궁	경상북도	경복궁
국립서울과학관	경주역사유적지구	기상청	덕수궁과 정동	고성 공룡박물관	경희대자연사박물관
기상청	경희대자연사박물관	남산골 한옥마을	경상북도	국립민속박물관	광릉수목원
농촌 체험	고창, 화순, 강화 고인돌유적	농업박물관	경희대자연사박물관	국립서울과학관	국립민속박물관
서대문자연사박물관	전라북도	농촌 체험	고인쇄박물관	국립중앙박물관	국립중앙박물관
서대문형무소역사관	고성 공룡박물관	서울국립과학관	충청도	농업박물관	국회의사당
서울역사박물관	충청도	서울대공원 동물원	광릉수목원	롯데월드 민속박물관	기상청
소방서와 경찰서	국립경주박물관	서울숲	국립공주박물관	몽촌토성과 풍납토성	남산
수원화성	국립민속박물관	서울시청	국립경주박물관	민주화현장	남산골 한옥마을
시장 체험	국립부여박물관	서울역사박물관	국립고궁박물관	백범기념관	대법원
경상북도	국립서울과학관	시민안전체험관	국립민속박물관	서대문자연사박물관	대학로
양재천	국립중앙박물관	경상북도	국립서울과학관	서대문형무소 역사관	민주화 현장
옹기민속박물관	국립국악박물관 / 남산	양재천	국립중앙박물관	서울역사박물관	백범기념관
월드컵공원	남산골 한옥마을	강원도	남산골 한옥마을	조선의 왕릉	아인스월드
철도박물관	농업박물관 / 대법원	월드컵공원	농업박물관	성균관	서대문자연사박물관
이화여대자연사박물관	대학로	유명산	롯데월드 민속박물관	시민안전체험관	국립서울과학관
천마산	롯데월드 민속박물관	제주도	충청도	경상북도	서울숲
천문대	몽촌토성과 풍납토성	짚풀생활사박물관	서대문자연사박물관	암사동 선사주거지	신문박물관
철새	불국사와 석굴암	천마산	성균관	운현궁과 인사동	양재천
홍릉 산림과학관	서대문자연사박물관	한강	세종대왕기념관	전쟁기념관	월드컵공원
화폐금융박물관	서울대공원 동물원	한국민속촌	수원화성	천문대	육군사관학교
선유도공원	서울숲	호림박물관	시민안전체험관	철새	이화여대자연사박물관
독립공원	서울역사박물관	홍릉 산림과학관	시장 체험 / 신문박물관	청계천	중남미박물관
탑골공원	조선의 왕릉	하회마을	경기도	짚풀생활사박물관	짚풀생활사박물관
신문박물관	세종대왕기념관	대법원	강원도	태백석탄박물관	창덕궁
서울시의회	수원화성	김치박물관	경상북도	해인사 고려대장경과 장경판전	천문대
선거관리위원회	승정원 일기 / 양재천	난지하수처리사업소	옹기민속박물관	호림박물관	우포늪
소양댐	옹기민속박물관	농촌, 어촌, 산촌 마을	운현궁과 인사동	유니세프 한국위원회	판소리박물관
서남하수처리사업소	월드컵공원	들꽃수목원	육군사관학교	무령왕릉	한강
중랑구재활용센터	육군사관학교	정보나라	이화여대자연사박물관	현충사	홍릉 산림과학관
중랑하수처리사업소	철도박물관	드림랜드	전라북도	덕포진교육박물관	화폐금융박물관
	이화여대자연사박물관	국립극장	전쟁박물관	서울대학교 의학박물관	훈민정음
	조선왕조실록 / 종묘		창경궁 / 천마산	상수허브랜드	상수도연구소
	종묘제례		천문대		한국자원공사
	창경궁 / 창덕궁		태백석탄박물관		동대문소방서
	천문대 / 청계천		한강		중앙119구조대
	태백석탄박물관		한국민속촌		
	판소리 / 한강		해인사 고려대장경과 장경판전		
	한국민속촌		화폐금융박물관		
	해인사 고려대장경과 장경판전		중남미문화원		
	호림박물관		첨성대		
	화폐금융박물관		절두산순교성지		
	훈민정음		천도교 중앙대교당		
	온양민속박물관		한국에너지기술연구원		
	아인스월드		한국자수박물관		
			초전섬유퀼트박물관		

암사동 선사 주거지의 움집

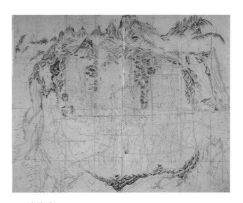

도성대지도

숭례문

흥인지문

인사동 거리

숙정문

숙제를 돕는 사진

국회 의사당

서울특별시청

돈의문 푯돌

N 서울 타워

청계천